TEMPLOS MODERNOS, TEMPLOS AO CHÃO

A trajetória da arquitetura religiosa modernista e a demolição de antigos templos católicos no Brasil

Coleção Historiografia
de Minas Gerais

Série Universidade

2

Marcus Marciano Gonçalves da Silveira

TEMPLOS MODERNOS, TEMPLOS AO CHÃO

A trajetória da arquitetura religiosa
modernista e a demolição de antigos
templos católicos no Brasil

autêntica

Copyright © 2011 Marcus Marciano Gonçalves da Silveira

COORDENADORES DA COLEÇÃO HISTORIOGRAFIA DE MINAS GERAIS
Francisco Eduardo de Andrade
Mariza Guerra de Andrade

PROJETO GRÁFICO DA CAPA
Diogo Droschi

REVISÃO
Ana Carolina de Andrade Aderaldo
Ana Carolina Lins

EDITORAÇÃO ELETRÔNICA
Conrado Esteves

EDITORA RESPONSÁVEL
Rejane Dias

Revisado conforme o Novo Acordo Ortográfico.

Todos os direitos reservados pela Autêntica Editora. Nenhuma parte desta publicação poderá ser reproduzida, seja por meios mecânicos, eletrônicos, seja via cópia xerográfica, sem a autorização prévia da editora.

AUTÊNTICA EDITORA LTDA.
Rua Aimorés, 981, 8º andar . Funcionários
30140-071 . Belo Horizonte . MG
Tel.: (55 31) 3222 68 19
Televendas: 0800 283 13 22
www.autenticaeditora.com.br

Dados Internacionais de Catalogação na Publicação (CIP)
(Câmara Brasileira do Livro, SP, Brasil)

Silveira, Marcus Marciano Gonçalves da
  Templos modernos, templos ao chão : a trajetória da arquitetura religiosa modernista e a demolição de antigos templos católicos no Brasil / Marcus Marciano Gonçalves da Silveira. – Belo Horizonte : Autêntica Editora, 2011. -- (Coleção Historiografia de Minas Gerais. Série Universidade ; 2)

  Bibliografia.
  ISBN 978-85-7526-520-8

  1. Arquitetura religiosa - Ferros (MG) - História 2. Arquitetura religiosa - Minas Gerais (MG) 3. Arquitetura religiosa - Minas Gerais (MG) - História 4. Minas Gerais (MG) - Historiografia I. Título. II. Série.

11-00744   CDD-726.5098151

Índices para catálogo sistemático:
1. Minas Gerais : Estado : Arquitetura religiosa :
História 726.5098151

Agradecimentos

Agradeço, inicialmente, à universidade pública (pela formação) e à CAPES (por viabilizar o trabalho). Em seguida, à Profa. Eliana Dutra, por suas preciosas orientações e pela amizade, bem como aos colegas Mariza Guerra e Francisco Andrade, pelo apoio e pela confiança. A todos de Ferros que colaboraram para a concretização desta pesquisa. A todos os amigos e familiares, que souberam compreender (espero) as dificuldades do período.

Dedico este trabalho, de maneira especial, àquelas que foram minhas "vítimas preferenciais" em diversos momentos nesta caminhada: Ágata (meu amor); Júlia Gonçalves da Silveira e Osvaldo da Silveira e Silva (pais queridos); Luciana, Elza e Julinha (irmãs pra valer). O Rafinha se safou, mas dedico a ele também, assim como aos meus saudosos avós.

É pueril o receio de uma tecnocracia; não se trata do monstro causador de tantas insônias em cabeças ilustres – mas de animal perfeitamente domesticável, destinado a se transformar no mais inofensivo dos bichos caseiros. Especialmente no que diz respeito ao nosso país, onde tudo ainda está, praticamente, por fazer – e tanta coisa por desmanchar; e tudo fazemos mais ou menos de ouvido, empiricamente – profligar e enxotar a técnica com o receio de uma futura e problemática hipertrofia, parece-nos, na verdade, pecar por excesso de zelo. Que venha e se alastre despertando com a sua aspereza e vibração este nosso jeito desencantado e lerdo, porquanto a maior parte – apesar do ar pensativo que tem – não pensa, é mesmo, em coisa alguma.

Lúcio Costa,
Razões da Nova Arquitetura, 1930

Sumário

Apresentação   11

Introdução   13

Parte I
A trajetória da arquitetura religiosa modernista   25
e a demolição de antigos templos católicos no Brasil

Parte II
A moderna Matriz de Ferros: 99
"palácio na moda" para Sant'Ana

Templos modernos, templos ao chão   173

Referências   179

Anexo A – Outros projetos de templos   197
modernistas no Brasil (1949-1966)

Anexo B – Memória fotográfica   207
da Matriz de Sant'Ana – Ferros/MG

Apresentação

Francisco Eduardo de Andrade
Mariza Guerra de Andrade

Dando sequência à série Universidade, da coleção Historiografia de Minas Gerais, apresentamos este estudo de Marcus Marciano Gonçalves da Silveira produzido no campo acadêmico, na Universidade Federal de Minas Gerais.

Com título instigante, *Templos modernos, Templos ao chão: a trajetória da arquitetura religiosa modernista e a demolição de antigos templos católicos no Brasil*, a pesquisa relaciona o crescimento vertiginoso dessa modalidade de arquitetura no país entre as décadas de 1940 e 1960, com a disseminação de uma cultura política de feição desenvolvimentista. A exemplo do caso da cidade de Ferros – com a demolição, no início da década de 1960, da sua Matriz de Santana –, a substituição de diversas igrejas *antigas* no Brasil por novos templos durante esse período teria sido impulsionada pela crença na eficácia da técnica como elemento instaurador de *modernidade*. E também seria promovida pela marca "cristocentrista" sustentada pelo Movimento Litúrgico, possibilitando o diálogo entre a Igreja católica e os arquitetos modernistas e expressando, entre outras particularidades, uma Igreja mais afinada aos novos tempos.

O texto nos põe em contato com debates acirrados e que podem ser estendidos a outras localidades brasileiras, revelando projetos distintos e em disputa no território do patrimônio cultural, de carga sabidamente afetiva, social e histórica. Movediço por natureza e pela pauta diversificada de crenças, escolhas, estéticas, ativismos e interesses em torno de alguns temas, esse território também mostra sua potência viva quando suas matrizes culturais são postas em discussão ou mesmo quando ideias sobre o *moderno* irrompem no devir da vida em sociedade.

Deve-se ressaltar ainda que a frágil produção editorial em Minas Gerais (e a respeito de temas mineiros) pode encontrar na série Universidade desta coleção um braço importante, ou seja, a possibilidade efetiva de se dar vazão a trabalhos acadêmicos inovadores e originais, como este, que permitam aos leitores discutir e ampliar o panorama recente, restrito somente a avaliações desavisadas sobre a historiografia de Minas Gerais.

Introdução

Ferros situa-se às margens do Rio Santo Antônio, um dos principais afluentes do Rio Doce. Em meio à paisagem exuberante, marcada por uma cadeia de montanhas apenas interrompida pelo leito do rio, a cidade não teve outra chance senão crescer acompanhando o pequeno vale ali formado. E assim foi. Enclausuradas entre água e montanha, suas construções acabaram seguindo duas extensas ruas formadas ao longo das margens esquerda e direita do Santo Antônio.

Algumas edificações de estilo colonial resistiram, teimosamente, à renovação da paisagem, e, entre os poucos exemplares capazes de dar o testemunho dos antigos povoadores da região, destaca-se o sobrado do antigo Fórum, construído na segunda metade do século XIX.

Precisamente ali, em frente a um dos últimos edifícios locais representativos da típica arquitetura colonial do interior mineiro, encontra-se a imponente Matriz de Sant'Ana, projetada pelo arquiteto Mardônio dos Santos Guimarães. Localizada ao fundo de um extenso gramado, o que sem dúvida dá ainda maior destaque ao edifício, a igreja chama de pronto a atenção por suas linhas simples, mas arrojadas. Destaca-se, na entrada, a imagem de Sant'Ana, esculpida em ferro pelo artista plástico mineiro Wilde Lacerda[1] e protegida por um pórtico branco obtido

---

[1] Aluno de Guignard (pintura) e Weissmann (escultura), Wilde Lacerda foi desenhista, gravador, escultor e também professor de escultura na Escola Guignard e na Escola de Belas Artes da UFMG. Foi presidente da Associação Mineira de Artistas Plásticos. Cf. CAVALCANTI; AYALA. *Dicionário brasileiro de artistas plásticos*, 1973-1980.

como projeção da fachada principal. Esta, por sua vez, está composta por cinco retângulos verticais de cor azul-clara, separados por vitrais coloridos. O campanário eleva-se com o prolongamento de um desses retângulos, no qual uma grande cruz externa completa o conjunto da torre vazada. Suas paredes laterais dão ao templo forma trapezoidal, por serem traçadas em ângulos convergentes. Brancas, dividem o conjunto em três grandes partes e são transpostas por diversos vitrais de cores, alturas e larguras irregulares.

Internamente, o conjunto de vitrais coloridos dá ao templo peculiar iluminação, e a inexistência de demais ornamentos ao longo das paredes laterais dirige as atenções diretamente para o altar, disposto ao alto do trapézio formado pela planta baixa do templo. Encontramos, ali, o polêmico painel de Yara Tupinambá, nacionalmente famoso menos por seu estilo avançado em termos de arte sacra que pelo detalhe da nudez de Adão.

O estilo modernista do templo o acomodaria sem maiores contrastes em meio ao conjunto arquitetônico de Brasília, por exemplo. Contudo, naquela Praça da Matriz, tradicional espaço de encontro e principal referência da comunidade, e em oposição ao prédio do antigo Fórum de Ferros, a igreja consegue gerar, sem dúvida, um clima de estranhamento e irrealidade. De repente, torna-se impossível desprezar, mesmo ao caminhante porventura distraído, a peculiar situação imposta pela paisagem.

A rua principal da cidade, cortando o espaço entre os dois edifícios, converte-se para o observador numa potencial fratura entre duas dimensões, espécie de abertura temporal que permite a contemplação simultânea de duas realidades "opostas". De um lado, o antigo Fórum, seu estilo rústico que nos lembra a pobreza e a simplicidade de técnicas e materiais disponíveis à época de sua construção. A "tradicional paisagem mineira" faz questão de trazer à memória do observador as amarras que nos prenderiam, ainda hoje, ao passado colonial. De outro, a imagem quase premonitória da "igreja moderna", ícone capaz de despertar imediatamente a satisfação dos sentidos daqueles que associam, invariavelmente, nosso passado ao atraso. Seu estímulo visual, sedutor, pode conduzir ao delírio quando associado à já difundida significação imaginária do investimento na técnica como elemento instaurador de modernidade.

Ao observador levado a conviver desde a infância (durante as férias escolares) com aquela sensação de irrealidade na praça principal de uma cidadezinha do interior de Minas Gerais, a pergunta foi inevitável. Em quais circunstâncias teria acontecido a construção da "moderna" igreja de Ferros?

Nosso interesse pelo tema tomou ainda maior vulto quando verificamos, inicialmente, alguns de seus pormenores. A grande surpresa foi verificar que ali mesmo, naquela praça onde hoje vemos uma contrastante paisagem, havia outrora uma Igreja Matriz perfeitamente assentada com a arquitetura do antigo prédio do Fórum. Formavam, juntamente com uma pracinha que se prolongava ao redor de um tradicional coreto, um conjunto harmônico, incapaz de nos remeter à sensação de estranhamento hoje proporcionada naquele local.

Documentos da Igreja registram atividades no antigo templo dedicado a Sant'Ana desde 1820. Mas o fato é que uma das versões quanto às origens da cidade dá conta de que seu fundador, Pedro da Silva Chaves, teria erigido pequena capela em homenagem a Sant'Ana já na segunda metade do século XVIII. Como foi comum, principalmente nas áreas menos privilegiadas do interior mineiro, com o progressivo aumento do número de fiéis, o prédio original sofreu sucessivas ampliações, havendo uma grande reforma na década de 1870. De estilo colonial, apresentando expressivos elementos de um rococó tardio em seus adornos, a igreja foi demolida em 1961 para dar lugar à atual construção.

Contudo, a decisão no sentido de se demolir o templo, substituindo-o pelo prédio atual, não se restringiu aos círculos da hierarquia eclesiástica, o que torna o episódio ainda mais interessante. Fruto de inédita consulta plebiscitária, na qual ampla maioria da comunidade optara pela derrubada da igreja, a construção da nova Matriz de Sant'Ana envolveu bastante a comunidade de Ferros e incitou conflitos que ultrapassariam, de muito, as montanhas que ainda hoje parecem condenar a cidade ao isolamento.

Como dificilmente deixaria de acontecer, por se tratar de um edifício de suma importância na luta pela identidade e significação coletivas, houve grande discussão à época sobre a pertinência do empreendimento. A resistência inicial, a cargo dos setores mais tradicionalistas da cidade, acabou ganhando importantes adeptos graças à enorme cobertura do plebiscito pela imprensa de Belo Horizonte. Foi manchete principal em jornais como *Diário de Minas*, *Estado de Minas* e *O Diário*. Mereceu, ainda, grande destaque em *O Binômio*, sendo noticiado também no *Jornal do Brasil*, no *Diário Carioca* e em *O Globo*, do Rio de Janeiro. A revista de circulação nacional *O Cruzeiro*, por sua vez, dedicou suas páginas centrais ao episódio, colocando lado a lado a antiga Matriz e a maquete do projeto de Mardônio Guimarães. Até mesmo a TV Itacolomi (emissora sediada em Belo Horizonte) abordou o assunto, transmitindo ao vivo de Ferros reportagem na qual se sondava a opinião geral na cidade sobre a "igreja moderna".

Os contornos do episódio serão abordados mais adiante. Todavia, é importante ressaltar desde já a riqueza analítica proporcionada pelo amplo debate surgido por ocasião da proposta de substituir-se a antiga Matriz de Sant'Ana pela "moderna igreja de Ferros". Podemos identificar claramente, no discurso dos partidários da opção pelo novo, referências a um imaginário marcado pela crença na eficácia da interferência arquitetônica como elemento propulsor de uma série de ações modernizadoras a serem efetuadas no município. Na visão da juventude local, que lançaria o primeiro número de um combativo jornal justamente no dia da consulta popular, a realização do plebiscito e a construção da igreja moderna marcariam, juntos, o início do processo de "exorcização" de um passado a ser superado pela comunidade, espécie de momento de fundação, rito de passagem a uma nova era. Como veremos, a ação desse grupo acabou sendo decisiva para que se efetivasse a demolição.

Mas teria sido o episódio de Ferros apenas um caso isolado? Essa indagação inicial nos suscitou uma série de outros questionamentos. A Igreja católica teria sido também influenciada em outras ocasiões pelo avanço extraordinário da arquitetura modernista ocorrido no Brasil entre as décadas de 1940 e 1960? As autoridades eclesiásticas teriam permitido a demolição de seus antigos templos católicos também em outras oportunidades? Em caso de resposta positiva às duas primeiras perguntas, quais circunstâncias teriam proporcionado a aproximação entre Igreja católica e arquitetura modernista? Poderíamos identificar, também em outros casos, o apelo ao imaginário desenvolvimentista como recurso argumentativo para demolir tradição e construir o novo?

No plano internacional, segundo Peter Anson,[2] a primeira igreja na qual o concreto armado encontrou expressão arquitetural direta teria sido a Notre-Dame du Raincy, projetada por Auguste Perret e inaugurada em 1923. Quatro anos depois, Karl Moser projetaria outra igreja que marcava época – a de Santo Antônio, na Basileia –, em que a lógica do aço, vidro e concreto foi aplicada ao tradicional plano da basílica, dotada de naves laterais. Especialmente na Alemanha, a partir de 1922, um grupo de arquitetos teria se reunido para estudar os princípios básicos do moderno planejamento de igrejas. Em 1930, inaugura-se a Igreja de Corpus Christi em Aachen (Aquisgrana), de Rudolf Scharz. Dominikus Böhm destaca-se, por sua vez, pelos templos de S. Enguelberto em Riehl (sagrada em 1932) e de Ringenberg (1935). É curioso notar, entretanto, que em todos esses edifícios as inovações se limitariam às novas concepções litúrgicas orientadoras e à aplicação de materiais e técnicas construtivas modernas. Seguindo as propostas funcionalistas do debate arquitetônico europeu, os templos considerados mais avançados naquele momento não exploraram de maneira mais ousada as novas possibilidades plásticas do concreto armado.

Por outro lado, as principais narrativas sobre a história da arquitetura modernista no Brasil[3] destacam, geralmente, dois edifícios considerados inovadores mundialmente no tocante à temática religiosa, ambos de Oscar Niemeyer: a Capela da Pampulha, da primeira metade da década de 1940, e a Catedral de Brasília, do final dos anos 1950. A primeira teria, inclusive, influenciado bastante Le Corbusier em seu projeto da Capela de Notre-Dame, em Ronchamp, construída entre 1950 e 1955. Nela, o mestre funcionalista buscava um maior equilíbrio entre forma e função, a exemplo do esforço empreendido pelo arquiteto brasileiro. A intensidade do brilho dessas duas experiências parece, contudo, ter obscurecido a produção dos outros arquitetos brasileiros no campo religioso entre as décadas de 1940 e 1960. Não encontramos, em nossa

---

[2] Cf. ANSON. *A construção de igrejas*, 1969.

[3] Cf. MARTINS. *Revista Pós (Anais do Seminário Nacional "O Estudo da História na Formação do Arquiteto")*, 1994, p. 91-95.

pesquisa, nenhum estudo sistematizado sobre o assunto, e nosso percurso na tentativa de responder àqueles questionamentos suscitados pelo caso da cidade mineira de Ferros mostrou-se, inicialmente, desanimador.

Recorremos então às principais revistas especializadas do período[4] para tentar avaliar melhor a produção dos arquitetos no tocante ao tema religioso. Foi-nos possível a partir daí verificar que, em todo o Brasil, a arquitetura religiosa foi efetivamente influenciada pelas perspectivas modernistas. Afinal, inúmeros projetos de templos católicos publicados desde a primeira metade dos anos 40 até o final dos anos 60 representavam inclusive ousadas experiências no campo da arquitetura moderna, como veremos.

Ao consultarmos algumas das principais revistas católicas do período (*Revista Eclesiástica Brasileira*, *A Ordem* e *Vozes de Petrópolis*), identificamos também uma série de artigos que tratavam direta ou indiretamente da necessidade de se encontrar um novo estilo para arquitetura religiosa. Desde o início da década de 1930, a partir da disseminação de novos princípios litúrgicos no país, travou-se longo debate no qual se destacava a tendência de se considerar cada vez mais a aproximação entre arte sacra e movimentos artísticos modernistas como algo positivo e desejável, desde que estes últimos fossem bem orientados e não reivindicassem uma autonomia tida como incompatível com os propósitos da Igreja e do laicato católicos.

A primeira parte deste livro é o resultado de um esforço de interpretação dos dados recolhidos nesses periódicos dos campos arquitetônico e católico, dados que nos permitiram acompanhar de alguma forma a trajetória da arquitetura religiosa modernista no Brasil, bem como as tensas relações entre arquitetos e autoridades eclesiásticas verificadas no período. Uma vez detectada a existência de diversos outros casos como o de Ferros – nos quais antigos templos católicos foram demolidos para dar lugar a templos modernistas –, restou-nos também discutir quais fatores teriam legitimado a destruição de edifícios imbuídos de tão importante significado para as comunidades tradicionais na constituição de suas identidades coletivas e acompanhar em

---

[4] Para identificá-las, tomamos como referência o trabalho de COSTA; CASTILHO. *Índice de arquitetura brasileira (1950/70)*, 1974.

que termos teriam ocorrido, à época, as relações entre Igreja católica e políticas públicas de preservação do patrimônio.

Quando a referência de modernidade entre nós ainda passava pela utilização dos estilos históricos e do ecletismo (padrões estéticos predominantes na Europa do século XIX),[5] a necessidade de ampliação dos templos e/ou o esforço de atualização da Igreja no país também teria passado – ainda que em menores proporções – pela remodelação ou destruição de templos mais antigos. Em Minas Gerais, por exemplo, igrejas coloniais como a do Colégio do Caraça e a Matriz da Boa Viagem, em Belo Horizonte, foram substituídas por templos em estilo neogótico (em 1880 e entre 1911 e 1932, respectivamente).[6] Contudo, nesses casos, predominava uma atitude triunfalista da Igreja, que se ancorava na potencialidade simbólica do ecletismo e dos estilos históricos de remeterem ao esplendor outrora alcançado por aquela instituição, sugerindo sua permanência no mundo moderno.[7] Portanto, as relações

---

[5] Segundo Lemos (1894, p. 70), "hoje devemos entender Ecletismo como sendo toda a somatória de produções arquitetônicas aparecidas a partir do final do primeiro quartel do século passado, que veio juntar-se ao Neoclássico histórico surgido por sua vez como reação ao Barroco. Sabemos que, naqueles dias, primeiramente vieram as obras neogóticas em contraposição às neoclássicas e dessa coexistência inicial é que veio à tona no panorama arquitetônico a expressão filosófica ecletismo, que designava primordialmente a tolerância a duas idéias ou comportamentos concomitantes. Depois do Neogótico, vieram outros neos formando a grande corrente historicista [...]". Para uma análise mais detalhada do processo de disseminação da arquitetura eclética no país, Cf. FABRIS. *O ecletismo no Brasil*, 1987.

[6] Cf. SALGUEIRO. *O ecletismo em Minas Gerais*: Belo Horizonte (1894-1930). In: FABRIS, 1987, p.126. Para uma análise detalhada do caso da Catedral da Boa Viagem, em Belo Horizonte, Cf. ALMEIDA. *Fé na modernidade e tradição na fé: a Catedral da Boa Viagem e a Capital*, 1993. Sobre o caso da Igreja do Caraça, afirma José Murilo de Carvalho (1998, p. 10): "O visitante atento do Caraça já percebia que havia algo de errado naquela paisagem. Já se disse das idéias que as há fora de lugar, o mesmo pode ser dito das igrejas. A igreja gótica está fora do lugar, é exótica. As monumentais e sombrias catedrais européias que lhe serviram de modelo aniquilam o fiel e o compelem a prostrar-se diante de Deus. No Caraça, tal efeito é impossível. Lá, a igreja é ela mesma ofuscada e dominada pela montanha, pela floresta, pela luminosidade. Se a alguém ocorre prostrar-se, não é diante de Deus mas da natureza".

[7] De acordo com Marília Dalva Magalhães Carneiro (1998, p. 55), "a História como investigação é um recurso usado pela arquitetura eclética, que busca nos estilos do passado os elementos para a composição, na tentativa de criar uma idéia nova. Usa

das comunidades católicas e da própria Igreja com o passado seriam, até a época em que surgiram os templos modernistas, menos tensas. Mesmo sendo consoantes com os referenciais de modernidade então vigentes, seus templos se apoiariam ainda em padrões estéticos que expressavam a nostalgia e a resistência dos homens modernos perante as intensas transformações sociais ocorridas na Europa ao longo de todo o século XIX.

Por outro lado, principalmente a partir de meados da década de 1950, o debate político brasileiro se apoiaria cada vez mais na polaridade entre desenvolvimento e estagnação econômica. O governo do presidente "bossa-nova", Juscelino Kubitschek (1956-1961), disseminaria uma onda de otimismo sem precedentes na história republicana do país, acenando com a possibilidade de o Brasil entrar, finalmente, no grupo dos países "industrializados".[8] Favorecido em boa medida pela crescente oferta de capitais no mercado internacional (com a recuperação econômica europeia e japonesa oferecendo novas parcerias), o governo de Juscelino consegue captar boa parte dos investimentos necessários à implementação de seu "Plano de Metas".

É possível afirmar que, ao objetivar a condução técnica e planejada da economia de maneira a minorar as consequências dos padrões de desequilíbrio econômico próprios das zonas tidas como "periféricas", Juscelino estava altamente inspirado nas formulações teóricas de organismos como a Comissão Econômica para a América Latina (CEPAL) e o Instituto Superior de Estudos Brasileiros (ISEB). Verdadeiras "fábricas de ideologias",[9] a CEPAL e o ISEB foram responsáveis em grande parte pela elaboração teórica que viria a justificar, com um suposto caráter "científico", uma série de orientações políticas no Brasil e em toda a América Latina.

---

a História como repetição, ignorando os fundamentos construtivos do presente; por isso não consegue criar uma raiz própria. O passado é visto por ela como um mito onde buscar reminiscências e analogias históricas como fuga ao presente ainda desconhecido. A História passa a ser refúgio de todos os elementos da sociedade que se encontram em desacordo com a sua época. Desta forma, Romantismo e Historicismo se apresentam interligados no ecletismo arquitetônico".

[8] Para uma análise pormenorizada sobre as implicações do desenvolvimentismo no governo JK, Cf. CARDOSO. *Ideologia do desenvolvimento – Brasil: JK-JQ*, 1997.

[9] Cf. TOLEDO. *ISEB: Fábrica de ideologias*; FRANCO. *O tempo das ilusões*, 1977.

O desenvolvimentismo pode ser considerado o núcleo do pensamento econômico disseminado por esses centros nas décadas de 1950 e 1960. A partir da publicação do artigo "Estudio Económico de América Latina", em 1949, a CEPAL (órgão então recém-criado pelas Nações Unidas em Santiago do Chile) inicia a propagação de sua "teoria do desenvolvimento periférico", através da qual propunha um esforço dos "países atrasados" no sentido de assumir uma nova postura na divisão internacional do trabalho. Para isso, ancorava-se no conceito-chave de sua argumentação: a relação centro-periferia. Haveria uma crescente "deterioração nos termos de troca" entre países de capitalismo avançado e as regiões apenas parcialmente integradas no sistema econômico mundial. Dessa forma, a industrialização da periferia seria o caminho natural para aumentar o valor dos produtos oferecidos no mercado internacional e, ao mesmo tempo, substituir importações.[10]

Contudo, especialização da economia e heterogeneidade tecnológica seriam responsáveis por um padrão de desenvolvimento problemático nas periferias, o que geraria tendências ao desemprego, à deterioração nos termos de intercâmbio, ao desequilíbrio externo e à inflação. Além disso, a baixa produtividade de todos os setores (exceto o de exportação) causaria uma insuficiência crônica de poupança e de acumulação de capital, e as elevadas taxas de crescimento demográfico ajudariam a manter uma contínua pressão pela baixa de preços e salários na periferia.[11]

Se a industrialização espontânea mostrava-se altamente perigosa para os países periféricos, o planejamento de políticas de crescimento envolvendo transformações estruturais apareceria como resposta natural aos dilemas do desenvolvimento econômico na América Latina, transformando-se numa verdadeira obsessão do órgão a partir daí.

O ISEB, por sua vez, foi criado em 14 de julho de 1955, no calor das discussões sobre os rumos a serem tomados pela economia brasileira. Tendo como núcleo grande parte do grupo de intelectuais

---

[10] Cf. RODRIGUEZ. *Novos Estudos CEBRAP*, dez. 1986; ANDRADE. *A economia do subdesenvolvimento: o Estado e a política na doutrina da CEPAL (1949-1964)*, 1986.

[11] Cf. BIELSCHOWSKI. *Pensamento econômico brasileiro: o ciclo ideológico do desenvolvimentismo*, 2000.

que formaram anteriormente o Instituto de Economia, Sociologia e Política (IBESP), o ISEB estava subordinado ao Ministério da Educação e Cultura e representou importante espaço de reflexão sobre o desenvolvimento nacional durante seus nove anos de existência. Através de cursos, seminários e palestras frequentados por representantes de diversos setores da sociedade, o Instituto se propunha a retirar o país do "estado de alienação" a que estava submetido pelas nações desenvolvidas. Apesar de haver sérias divergências entre muitos dos seus "ideólogos", eles concordavam que a passagem da nação de "objeto a sujeito" da história exigiria primeiramente o término da alienação econômica – leia-se, dependência. Como consequência, teríamos a extinção das alienações política e cultural.

Segundo o Instituto, como o capitalismo industrial ainda não havia se estabelecido plenamente no país, a contradição fundamental em nossa sociedade não se daria entre capital e trabalho, mas sim entre os setores "dinâmicos e produtivos" de nossa economia e aqueles "estáticos e parasitários". Dessa forma, a teoria das classes e dos antagonismos sociais do ISEB se mostrava ancorada na polaridade desenvolvimento/estagnação.

A ideologia do desenvolvimento, por sua vez, representaria a convergência entre os interesses de todas as classes sociais e, não por acaso, tinha como conteúdo o nacionalismo. O desenvolvimento da nação faria parte da esfera dos "interesses situacionais" recorrentes a todo o espectro social da comunidade brasileira.

Se seria temerário afirmar que houve de fato, durante o governo de Juscelino Kubitschek, um progresso de "50 anos em 5", não há como negar o avanço extraordinário da industrialização no país. Entretanto, ao notável crescimento do setor de bens de consumo duráveis, da infraestrutura energética e de transportes soma-se um intenso processo de concentração econômica, o que aumentaria ainda mais o descompasso entre os padrões de modernização no campo e na cidade, bem como os desequilíbrios regionais. Nesse sentido, a construção de Brasília surge como a grande promessa modernista de interiorização do desenvolvimento e passa a atuar como expressão estética máxima da suposta eficácia da arquitetura e do planejamento urbano na criação de centros difusores de modernidade.

A nosso ver, podemos encontrar especialmente na relação de afinidade entre arquitetura modernista e projetos desenvolvimentistas uma bela chave de reflexão para avaliarmos o impacto de uma significação imaginária social ainda vigente no pensamento do coletivo anônimo ocidental, qual seja, o desejo de controle das ações e seus efeitos, bem como da transformação da sociedade por meio da aplicação "racional" da técnica. Não por acaso, é nos países ditos "atrasados" que a incompatibilidade fundamental entre a configuração social e essa já disseminada significação imaginária vai gerar os maiores investimentos na arquitetura modernista. Do ponto de vista desses arquitetos e urbanistas, a melhor oportunidade para comprovarem suas teorias estaria, sem dúvida, nos países "subdesenvolvidos". Tratar-se-ia de sociedades ainda não marcadas pelas graves consequências da industrialização, pela proeminência da especulação imobiliária e dos direitos de propriedade que inviabilizavam, em grande parte, a aplicação de grandes empreendimentos reformadores nos países mais "adiantados". Por outro lado, apresentavam uma elite política disposta e poderosa o suficiente para impor a aplicação de tais projetos sem maiores problemas, graças à debilidade de organização política do restante da população.

Os movimentos de vanguarda arquitetônica se distribuíram por todo o espectro político de sua época, mas geralmente até mesmo seus setores mais à esquerda demonstravam uma certa "fragilidade ideológica" quando encontravam os meios propícios para a efetivação de suas ideias, principalmente uma autoridade forte o suficiente para implementar seus projetos, qualquer que fosse sua postura política. Embora muitos discordassem quanto à natureza da nova sociabilidade a ser instaurada pela arquitetura moderna, todos compartilhavam da recusa ao caos gerado pelo industrialismo capitalista nas cidades modernas, propondo sua superação através da aplicação do princípio racionalizador fornecido, ironicamente, pelo próprio capitalismo. A proposta era, portanto, promover a queima de etapas rumo ao desenvolvimento, principalmente aquelas consideradas indesejáveis nas experiências industrializadoras dos países considerados mais "adiantados".

Nossa hipótese é a de que o apelo redentor ligado à fruição dos templos católicos ampliou bastante o poder simbólico da arquitetura modernista brasileira. Ao lado de um notável determinismo ambiental,

tal apelo teria reforçado, em regiões tidas como "atrasadas", o investimento na suposta capacidade desses edifícios se converterem em centros irradiadores de progresso. Tais crenças teriam levado inclusive à desvalorização de templos cujos aspectos predominantes – considerados de pouco ou nenhum valor artístico – fossem capazes apenas de remeter ao passado, reforçando a angústia naqueles que se incomodavam profundamente com o descompasso entre suas expectativas de desenvolvimento e a realidade efetivamente compartilhada.

Contudo, ao que parece, apenas a análise de casos particulares nos daria a dimensão de como tais elementos teriam se combinado para legitimar a demolição de diversos templos católicos ocorrida no Brasil entre as décadas de 1940 e 1960. A essa tarefa nos dedicaremos especialmente na segunda parte deste livro, o que nos levará de volta ao caso da cidade mineira de Ferros.

Como veremos, trata-se de episódio emblemático, no qual emergem significações e conflitos próprios do horizonte de expectativas do período. Em Ferros, podemos verificar como ainda se encontrava em efervescência, no início dos anos 1960, o debate existente no meio católico desde os anos 1930 em torno dos rumos a serem tomados pela liturgia católica e pela arquitetura religiosa. Com efeito, a proposta de construção do templo moderno e demolição da antiga Matriz de Sant'Ana acirraria conflitos entre importantes figuras dos setores católicos mais tradicionais e da ala progressista da Igreja em Belo Horizonte (como o escritor Augusto de Lima Júnior e Padre Lage). Chama maior atenção, todavia, a maneira pela qual a possibilidade de construção de um templo moderno na cidade foi interpretada por uma parcela significativa dos ferrenses, amplamente mobilizados pela expressividade estética dos edifícios modernistas e sua capacidade de traduzir, materialmente, a tão desejada queima de etapas rumo à "modernidade".

PARTE I

A trajetória da arquitetura religiosa modernista e a demolição de antigos templos católicos no Brasil

> *A igreja não é simplesmente um edifício para proteger os fiéis das intempéries, é antes de tudo uma "palavra"; seus muros devem "falar"; seu ambiente, todos os seus contornos são símbolos; seus muros devem ser o "Evangelho dos Pobres", dos iletrados, todo o seu conjunto interno e externo deve ter "significação". Esta é a impressão que despertam as grandes catedrais antigas, e nós, modernos, devemos, sem copiar, alcançar este ideal com os nossos meios, as nossas artes, o nosso material.*[12]

Para comprovar a singularidade assumida pelo templo católico no conjunto arquitetônico das cidades mineiras, seria suficiente lembrar que, em inúmeros casos, foi ao redor de pequenas capelas erigidas nos caminhos do ouro que famílias "pioneiras" acabaram se fixando, dando origem aos primeiros arraiais. A capacidade aglutinadora das edificações católicas foi, sem dúvida, conduzida com bastante perspicácia pelos

---

[12] OSWALD. *Vozes*, p. 165, mar./abr. 1950. Nascido em Florença, Carlos Oswald foi pintor, professor e o principal introdutor da gravura em metal no Brasil. Segundo Monteiro (2000), a partir de 1930, a temática religiosa iria se destacar entre suas principais encomendas. Oswald elaboraria diversos painéis para igrejas, vitrais e cenas do Evangelho, nos quais demonstra sua profunda religiosidade. Em 1946, funda com alguns colaboradores a Sociedade Brasileira de Arte Cristã, publicando a partir daí diversos artigos (principalmente na revista *Vozes*, de Petrópolis) sobre arte e arquitetura sacras contemporâneas.

"homens bons" da Colônia, e o povoamento dificilmente teria se configurado conforme seus desejos sem o recurso a esse poderoso capital cultural.[13] Mais tarde, nos núcleos mais prósperos, seria a suntuosidade dos edifícios religiosos matéria de constante disputa entre as irmandades religiosas, fruto da necessidade de distinção numa sociedade marcada por níveis de fluidez e mobilidade pouco compatíveis com os valores profundamente hierárquicos vigentes.

Mas esse fenômeno, ainda que tenha ganhado contornos bastante dramáticos em Minas Gerais, jamais foi algo exclusivo da formação católica mineira. Ao contrário, é facilmente verificável ainda hoje no imaginário de comunidades das mais diversas regiões da cristandade. Em toda parte, a despeito do "desencantamento do mundo" que, segundo Weber, caracterizaria a sociedade moderna, o templo católico busca representar ainda "a tranqüilidade, a segurança, a luz, a estabilidade da Fé Católica, fundada sobre a rocha de Pedro. Uma igreja é porto de salvação para os náufragos do erro, da dúvida, do pecado, apoio seguro para os que hesitam e receiam".[14] E justamente daí deriva toda a carga emocional geralmente compartilhada pelas comunidades tradicionais em relação aos seus templos católicos.

---

[13] Utilizamos aqui o conceito de capital cultural de Pierre Bourdieu. Como destaca Malerba (2000, p. 213-25), Bourdieu enfatiza, nos seus estudos acerca do poder simbólico, a abertura a novas criações existente no chamado *habitus* social, ou seja, naqueles limites em que os indivíduos são "livres" para optar entre diferentes estratégias. Para ele, deve-se considerar os agentes efetivamente em ação no campo (espaço estruturado de posições, no qual se desenvolve a disputa entre agentes produtores e consumidores das representações sociais). Estrutura a um só tempo "estruturada e estruturante" em que porventura os sistemas simbólicos podem vir a se legitimar, o *habitus* de uma dada sociedade não estaria, para Bourdieu, composto apenas por imagens mentais, mas também por representações objetais (trajes, bandeiras, emblemas, cerimônias) que se constituem em *capital cultural* quando permitem a obtenção de vantagens simbólicas e materiais. Cf. BOURDIEU. *O poder simbólico*; BOURDIEU. Espaço social e poder simbólico. In: *Coisas ditas*, 1990.

[14] CEREJEIRA. *Vozes*, p. 659, nov./dez. 1953. Palavras proferidas por Dom Manuel Gonçalves Cerejeira, Cardeal Patriarca de Lisboa, quando da solene inauguração da Igreja de S. João de Deus naquela cidade. Esse mesmo autor afirma, ainda: "Assegura a maior estabilidade da expressão das igrejas o seu caráter sagrado. Não se lhes deve tocar senão de mãos erguidas, com respeito. As igrejas prestam-se mal a experiências temerárias: as suas pedras foram beijadas por gerações sucessivas. Não são pedras mortas, mas vivas (p. 661)".

A igreja representa a barca mística de Pedro, local onde os fiéis se reúnem em busca da salvação. Não por acaso, como afirma Pe. Dinarte Passos, o templo católico revestiu-se, ao longo dos tempos, de "uma tão fulgente auréola de simbolismo e de misticismo que se tornou o mais encantador elemento de instruções morais, o mais fecundo instrumento de emoções estéticas".[15] Proclamada Jerusalém Celestial em território mundano, a igreja se transforma no único local em que se torna possível antecipar, por instantes, o encontro escatológico do Criador com seu povo, visualizando o conjunto de fiéis como o próprio corpo Místico do Cristo.[16] E que o homem moderno não se aproxime com indiferença do mais sagrado pedaço de terra que pode pisar:

> Vai erguer-se aqui uma "casa do Senhor". Vai aqui levantar-se um "palácio de Deus". A porta que aqui veremos abrir-se será uma "porta do céu". E por isso não será este recanto da terra um recanto como os demais. Devemos dele nos acercar com um santo terror, porque este é realmente um lugar terrível. [...]
>
> Só no Vosso lar é que encontraremos a fixidez e a estabilidade por que anseiam as nossas almas inquietas e desassossegadas neste século; porque só ele está fundado sobre a pedra inabalável da verdade.[17]

E tal "verdade" não se manifesta senão por meio de uma sofisticada simbologia, na qual cada elemento do edifício católico, da mais grosseira definição estrutural ao mais delicado detalhe decorativo, cumpre importante papel na definição do conjunto da Casa de Deus, vivificando a matéria inerte.

Como nos adverte Dimas Antuña,[18] o altar das igrejas deve estar no Oriente, região nobre do mundo, pois representa o Verbo que ilumina

---

[15] PASSOS. *REB*, p. 95, mar. 1947. O autor era, à época, professor de arte sacra no Seminário Provincial de Mariana-MG. Entre 1944 e 1951, publicou cinco artigos na *Revista Eclesiástica Brasileira* buscando avaliar a produção contemporânea principalmente no campo da arquitetura religiosa. Seus textos serão citados outras vezes neste trabalho.

[16] KLAUSER. *REB*, p. 371, jun. 1955.

[17] LIMA. *A Ordem*, p. 159-61, jan./jun. 1937. Oração pronunciada por Alceu Amoroso Lima por ocasião do lançamento da pedra fundamental do novo templo de São Paulo Apóstolo, em Copacabana.

[18] Cf. ANTUÑA. *A Ordem*, p. 387-415, jul./dez. 1942. Conferência proferida por Dimas Antuña, teólogo laico uruguaio, no Centro Dom Vital (Rio de Janeiro).

aquele que ora, e é a direção de onde se espera o relâmpago para o juízo final. O ocaso é a região de tudo o que declina, da sombra, do ruído, da desordem e do profano, da morte. Em consequência, o ocaso é a região do chamado, onde as portas da igreja devem se localizar. Oriente, luz; Ocidente, miséria. A casa está orientada na linha da luz, mas, para que não seja em vão esse chamado da luz e esse vir até a luz, a mesa do altar divide, com a linha dos polos do mundo, a linha das portas do céu. O sul e o norte do altar são a Epístola e o Evangelho. O sul, o lugar da preparação; o norte, o lugar da palavra.

É sabido que tanto o político como o religioso remetem inevitavelmente ao plano simbólico, essa dimensão constitutiva da relação do homem com o mundo. Dificilmente um exemplo ilustraria melhor essa constatação que a trajetória da formação dos templos ao longo da história do catolicismo. Afinal, até a promulgação do Edito de Milão, em 313, os grupos cristãos eram muito reservados. Evitavam manifestações públicas e, mesmo que destinassem algum edifício somente ao culto, não o distinguiam em aparência das construções locais mais comuns. O imperador Constantino doou edifícios públicos existentes para que fossem utilizados como lugares de culto cristão e ordenou a construção de igrejas, planejadas e executadas exatamente da mesma forma que um típico tribunal de justiça romano (basílica).

A partir daí, por todo o Império Romano, os cristãos tomaram o tribunal de justiça como modelo para novas igrejas. O trono do pretor se transformou em cadeira para o bispo. Os assentos de pedra e mármore em redor da abside, usados anteriormente pelos juízes assistentes, passaram aos presbíteros (sacerdotes assistentes). Os dois ambões (usados por testemunhas e advogados) passaram a ser usados para a leitura das lições do Antigo Testamento, da Epístola e do Evangelho. Provavelmente uma mesa comum foi trazida para o ato comunitário da "Fração do Pão". Pode ser também que o altar para Minerva, no qual se ofereciam sacrifícios antes dos trabalhos legais, tenha se transformado no altar cristão.[19]

Ao longo dos séculos, a simplicidade que caracterizava as primeiras assembleias para o culto cristão foi sendo abandonada, fruto

---

[19] Cf. ANSON. A construção de igrejas, 1969.

do surgimento de um corpo especializado de sacerdotes preocupados em institucionalizar sua posição. Cada vez mais os edifícios religiosos tornaram-se símbolos da suntuosidade da Igreja católica e de seu predomínio espiritual e material sobre o mundo, sendo condição indispensável para a sua construção o alcance de destaque nos conjuntos arquitetônicos em que pretendiam se inserir. Não seria exagero afirmar que, em muitos casos, os avanços na técnica e na utilização de materiais no campo da arquitetura em geral se deram justamente em função dessa necessidade colocada pela Igreja.

Como resultado do investimento no caráter triunfal dos templos católicos e da disseminação da crença na presença eucarística, as igrejas acabaram assumindo uma posição de suma importância na construção da autoimagem das comunidades. Ao cumprir a tarefa de ligar um espaço finito e tridimensional ao infinito do espaço celeste,[20] rompendo simbolicamente a angústia da finitude da experiência humana, o templo católico investe-se de uma sacralidade capaz de mobilizar atenções, desejos e afetos como nenhum outro edifício.

Georges Duby demonstra como o Ocidente, desde o ano 1000, já havia reunido condições materiais para que a arquitetura religiosa e a arte cristã em geral se tornassem expressão do sacrifício de homens dominados pelo mistério, apreensivos perante a cólera de um Deus onipotente, revelando "menos da estética do que da magia".[21] Contudo, mesmo antes do apogeu da arte cristã medieval, alcançado graças em boa parte devido ao renascimento comercial e urbano – e mesmo em regiões caracterizadas pela carência material como as aldeias medievais –, o templo católico já assumia geralmente um grande destaque na constituição das redes de sociabilidade entre os homens da época, como destaca Giovanni Cherubini:

> A igreja da aldeia não era apenas o local da oração, era uma espécie de coração da comunidade, o que era realçado pela própria saliência

---

[20] ANTEPROJETO. *Acrópole*, p. 49, maio 1964.
[21] Cf. DUBY. *O tempo das catedrais: a arte e a sociedade (980-1420)*, 1979. Ainda segundo o autor, "neste ponto da história, no curto intervalo em que o homem, sem estar liberto das suas angústias, dispôs de armas muito eficazes para criar, nasceu a maior e talvez a única grande arte sacra da Europa" (p. 19).

física do edifício (partilhada, em certos casos, com as torres e os palácios senhoriais) sobre os casebres dos habitantes. Na igreja, no adro ou no cemitério, reunia-se a assembléia da comunidade, pelo menos até a construção de um edifício apropriado; era na igreja que o pároco fazia os mais variados avisos de interesse coletivo; era na igreja que, nos momentos de perigo, pessoas e bens encontravam refúgio; e era também na igreja que se efetuavam muitas festas nem sempre, ou não exclusivamente, de caráter sagrado. A igreja e o cemitério vizinho alimentavam a memória coletiva da comunidade.[22]

Por outro lado, o caráter múltiplo das significações atribuídas ao templo católico, bem como sua importância na conformação das redes locais de sociabilidade, têm sido recentemente demonstrados por alguns estudos de caso. Thomas Nipperdey aborda, por exemplo, a ligação entre a luta pela conclusão da Catedral de Colônia, no século XIX, e o movimento nacionalista alemão, que via no seu estado inacabado um símbolo da própria Alemanha, dividida numa "confusão de línguas e de ideias, com seus intestinos bagunçados, seu egoísmo, seu declínio e suas divisões". Para celebrar uma nova era nacional – de união e harmonia –, nada como transformar a finalização daquela catedral – inconclusa como a própria identidade alemã – numa demonstração de que algo havia mudado:

> A catedral era vista como monumento à nação "no pleno sentido do termo", primeiro porque ela era uma afirmação da germanidade, em seguida porque o esforço coletivo necessário ao acabamento das vigas seria a testemunha da expressão de uma nova sensibilidade nacional.[23]

Marcelina das Graças de Almeida[24] explica, por sua vez, como a suposta incompatibilidade entre os propósitos "republicanos" contidos na construção da nova capital de Minas Gerais e os traços arquitetônicos coloniais da antiga Matriz de Nossa Senhora da Boa Viagem – edifício

---

[22] CHERUBINI. O camponês e o trabalho no campo. In: LE GOFF. *O homem medieval*, 1989. p. 94.

[23] NIPPERDEY. La cathédrale de Cologne, monument à la nation. In: *Réflexions sur l'histoire allemande*, 1992. p. 224.

[24] Cf. ALMEIDA. *Fé na modernidade e tradição na fé: a catedral da Boa Viagem e a Capital*, 1993.

remanescente do velho Curral d'El Rey – daria ensejo a uma longa disputa entre autoridades civis e eclesiásticas. As intenções iniciais da Comissão Construtora de Belo Horizonte passariam pela destruição do antigo templo e construção de uma majestosa catedral em estilo neogótico na região mais alta da cidade, afastada do centro urbano. Contudo, ao se remover o edifício religioso do espaço há muito apropriado afetivamente pela população local como referência comunitária (o Largo da Matriz), havia na realidade um grande risco de que se buscasse distanciar a Igreja católica também dos assuntos "mundanos" a serem concentrados no novo centro político e administrativo do Estado, reservando-lhe apenas um papel vago e difuso de "assistência espiritual" na nova ordem republicana. Tal polêmica se resolveria somente com um lento processo de demolição do velho edifício e construção, no mesmo local e simultaneamente, de uma catedral neogótica, seguindo a tendência eclética de uma Comissão Construtora inspirada pela paisagem europeia, tida então como referência de civilização e prosperidade. Por parte da hierarquia eclesiástica, em especial, essa solução pareceria adequada por significar a objetivação de duas ideias: a consonância da Igreja com os tempos modernos e, ao mesmo tempo, a suposta permanência da centralidade por ela alcançada nos tempos medievais, sem abrir mão, contudo, do espaço do largo da antiga matriz.

    O objetivo desta parte inicial de nossa reflexão seria, primeiramente, acompanhar a trajetória da arquitetura religiosa modernista no Brasil, verificando inclusive como se deu o processo de contestação do ecletismo nas construções religiosas. Em seguida, identificar se em outras oportunidades encontramos, como em Ferros, a disposição de se destruir antigos templos – mesmo tendo em conta toda atmosfera e carga afetiva que, via de regra, envolvem esses edifícios na visão das populações locais – em nome da construção de uma igreja "moderna". Caso o episódio de Ferros não tenha sido algo isolado e, ao contrário, faça parte de um movimento mais amplo, o que justificaria tal atitude perante as autoridades responsáveis pela defesa do patrimônio histórico e artístico nacional? Quais foram os elementos capazes de apaziguar divergências e marcar a opção pelo moderno como a mais adequada também nessas outras ocasiões?

Nossa hipótese é a de que o principal desses elementos apaziguadores teria sido o poder de sedução da proposta modernista. A promessa de abertura a uma experiência mística e redentora, imediata, capaz de instaurar para além de um simulacro de coexistência moderna uma modernidade efetiva, mobilizou e tem mobilizado amplamente o imaginário social no Brasil e nas sociedades ditas "periféricas". Acreditamos que a decisão de substituir antigos templos católicos por edificações modernistas despertou para a cena pública atores sociais com visões de mundo e interesses bastante distintos. Contudo, o traço comum no imaginário social brasileiro entre os anos 1940 e 1960 capaz de persuadir os católicos mais tradicionalistas e silenciar setores sensíveis à preservação da memória teria sido algo envolto numa atmosfera tão sacralizada quanto o próprio templo católico.

Para Lefort, o *"discurso enunciador da racionalidade técnica"*, próprio das sociedades modernas, pode perfeitamente vir a assumir um caráter místico entre nós quando utilizado como via principal de acesso ao mundo.[25] É possível que, numa operação que apenas comprovaria a permeabilidade dos sistemas simbólicos, a esperança cristã de redenção após a morte tenha se mesclado com elementos profanos, remetendo-se ao cenário material e imediato da corrida pelo desenvolvimento econômico. Nesse sentido, pode ser que a esperança de instauração de uma era progressista e redentora rumo à modernidade tenha se mesclado a elementos próprios de um catolicismo abalado pela crescente secularização da sociedade verificada entre as décadas de 1940 e 1960 no Brasil. Na expectativa de satisfazer seus fiéis nos planos religioso e material, setores da Igreja teriam se rendido aos templos modernos. Afinal, ao proporcionar uma antecipação mística do encontro das periferias com

---

[25] Cf. LEFORT. Permanência do teológico-político? In: *Pensando o Político: ensaios sobre democracia, revolução e liberdade*, 1991, p. 249-96. O autor nos adverte que a divisão do social em categorias estanques como o político, o religioso e o econômico, por exemplo, é ela própria expressão de uma sociedade que se autoinstitui ao representar-se a si mesma e o arranjo de suas relações. Não pode, dessa forma, passar ilesa por um exame mais apurado das instituições e práticas sociais constituídas de fato. Essas relações nunca são apreendidas em estado puro, já que se reproduzem por meio de uma dinâmica que elege elementos convencionalmente distintos, movidas em busca de eficácia, e não no sentido de satisfazer classificações recebidas de forma arbitrária.

a modernidade, supostamente garantiriam também sua permanência no futuro como instância fundamental de atribuição de sentido ao mundo. Pelo menos é o que nos sugerem passagens como as seguintes, retiradas da *Revista Eclesiástica Brasileira* daquele período:

> A arquitetura religiosa moderna é um fruto de nossa sociedade, dos progressos da técnica, da mentalidade nova: condiz, portanto, com o pensamento do homem moderno, na sua faina de afirmações positivas, *na busca de respostas claras e incisivas aos problemas que o torturam* (grifo nosso).[26]

> A igreja é destinada ao Povo de Deus dos nossos dias. Deve portanto ser disposta de modo que os homens da atualidade se sintam atraídos por ela. *As mais nobres necessidades do homem do nosso tempo devem encontrar nela a sua satisfação...* (grifo nosso).[27]

> [...]As catedrais, matrizes e capelas que, hoje, se constroem nos devem ajudar a compreender as realidades que nos cercam. *Devemnos ensinar a vencer as lutas atuais e a superar as angústias do momento.* E elas devem também transmitir às gerações futuras a nossa mensagem de lutas e de privações, de experiências e de transformações, de fé, de confiança e, sobretudo, sim, sobretudo, de fraternidade cristã (grifo nosso).[28]

Igrejas modernistas incrustadas em típicas praças do interior foram realmente capazes de produzir inquietação, um estranhamento quase coercitivo num meio completamente diverso. O apelo ao transcendente, característico da arquitetura religiosa, teria ampliado enormemente as potencialidades simbólicas da estética modernista, uma vez que o espectador se via convidado à fruição de um edifício que simultaneamente respondia às suas angústias quanto ao devir no plano espiritual – um sopro de eternidade – e no plano material – a antecipação de uma "tão sonhada" realidade modernizada.

---

[26] PASSOS. *REB*, p. 599, set. 1944.

[27] KLAUSER. *REB*, p. 371, jun. 1955. Trata-se de parte das diretivas para a construção das igrejas segundo o espírito da Liturgia Romana redigidas por Theodor Klauser, Professor da Universidade de Bonn, na Alemanha (a partir do trabalho de uma "Comissão Litúrgica") e transcritas na íntegra pela *Revista Eclesiástica Brasileira*.

[28] TRINDADE. *REB*, p. 885, mar. 1963. Dom Frei Henrique Golland Trindade era, à época, Arcebispo de Botucatu (São Paulo).

Todavia, é interessante notar que a trajetória da arquitetura modernista no Brasil não encontrou desde o início uma boa receptividade das autoridades eclesiásticas. Ao contrário, essas autoridades hesitaram bastante sobre a pertinência de se encomendar projetos modernos para seus templos. Teria sido em Minas Gerais (às margens da Lagoa da Pampulha, em Belo Horizonte), e de uma maneira até certo ponto abrupta, que a partir de meados dos anos 1940 o processo de aproximação entre o modernismo arquitetônico e a temática religiosa se iniciaria definitivamente no país.

Pampulha: modernismo arquitetônico e temática religiosa

> *O espírito deste estilo é brasileiro, pois este desejo de surpreender, de impressionar a inteligência pela audácia das especulações, ao invés de tranqüilizá-la pelos hábitos do bom senso e da razão, esse instinto de abrir pelos caminhos da imaginação as portas do sonho, é uma das características do gênio barroco, que foi o gênio autóctone da arte brasileira, obscurecido há mais de um século pela influência neoclássica, e que, com Portinari e Niemeyer, acaba de experimentar uma revivescência magnífica.*[29]

A arquitetura moderna no Brasil enfrentou diversas dificuldades de início inclusive por não depender fundamentalmente da iniciativa autoral, ao contrário de outros campos artísticos. Sem a existência de clientes dispostos a financiar a execução dos projetos, mão de obra qualificada e materiais específicos, tornava-se quase impossível mesmo aos mais visionários romper o ciclo de ecletismo e valorização de estilos históricos que marcava as construções no país desde o século XIX. Acrescente-se a esse quadro o fato das escolas de arquitetura e engenharia da década de 1920 não ensinarem aos jovens estudantes as novas técnicas construtivas já empregadas há um bom tempo em outros países. A verdade é que, apenas a partir da década de 1930,

---

[29] BAZIN. *Rev. Arquitetura, Engenharia, Belas Artes,* v. 1, n. 2, p. 18, s./d.

com o processo de intensa urbanização impondo a verticalização das construções, o cimento armado passa a ser usado de forma sistemática no Brasil.

Até então, como afirma Lemos,[30] o que havia eram iniciativas isoladas nas quais técnicas construtivas e programas buscavam certa atualidade, como é o caso da Estação da Estrada de Ferro Sorocabana em Mairinque (1907), do arquiteto franco-argentino Victor Dubugras, e da casa modernista da Vila Mariana, em São Paulo, do russo Gregori Warchavchik (1927). Contudo, esse último arquiteto se destacaria mais no plano retórico do que na execução dos princípios modernistas para além dos seus aspectos formais.

A década de 1920 assistiu ao predomínio do chamado estilo neocolonial.[31] Para os seus defensores, como o arquiteto português Ricardo Severo e o médico José Mariano Carneiro da Cunha Filho, o único caminho para se enfrentar o "ecletismo neoclassicizante" trazido pelos imigrantes para o Brasil seria a "revalorização da antiga arquitetura luso-brasileira". Enquanto isso, apenas algumas vozes se juntariam ao russo Warchavchik em favor da renovação arquitetônica. É o caso de Rino Levi, que chamava a atenção para a necessidade de maior adaptação dos projetos às condições locais e de maior racionalidade por parte dos arquitetos.

---

[30] Cf. LEMOS. Arquitetura contemporânea. In: ZANINI. *História geral da arte no Brasil*, 1983. p. 825-865.

[31] Cf. LEMOS. Arquitetura contemporânea. In: ZANINI. *História geral da arte no Brasil*, 1983. p. 828-829. De acordo com Lauro Cavalcanti, "os neocoloniais pensam no pretérito construtivo brasileiro muito mais como 'colecionadores de borboletas' em terreno fantasioso, do que nos moldes de um resgate estrutural que estabelecesse uma doutrina adaptável às novas exigências impostas pelos impulsos de industrialização do país. É pensando e agindo nesses termos que os 'modernos' conquistam a invejável posição de biógrafos e videntes da arte e arquitetura no Brasil" (1995, p. 44). É interessante notar, contudo, que essas avaliações, apesar de parcialmente superadas pelos arquitetos modernistas, jamais deixaram de influenciar figuras como Niemeyer e Lúcio Costa. Segundo Carlos Lemos (1983), estes "buscavam dar à sua obra racionalista um cunho de brasilidade para situá-la melhor no programa internacional", utilizando-se de elementos decorativos da arquitetura tradicional luso-brasileira. Além disso, tal interpretação sobre a trajetória da arquitetura brasileira desempenharia também um importantíssimo papel na definição da política de preservação do patrimônio histórico e artístico nacional, como veremos mais adiante.

Ainda de acordo com Lemos, em fins dos anos 1920 ocorreria a conversão de Lúcio Costa, que, de um dos principais integrantes do movimento neocolonial, passaria a defender a necessidade de uma nova arquitetura (pode-se tributar às conferências dadas por Le Corbusier no Brasil, em 1929, a principal razão dessa mudança). A curta passagem de Lúcio Costa pela direção da Escola Nacional de Belas Artes, no Rio de Janeiro, em 1930, foi suficiente para abrir novos caminhos ao ensino de arquitetura naquela instituição. Novos professores, entre eles Warchavchik, foram convidados a se juntar ao corpo docente. Todavia, o quadro geral das grandes construções apresentava o *art decó* [32] como principal tendência, estando os arquitetos na dependência de clientes dispostos a aceitar o estilo moderno em suas encomendas.

Se a situação inicial no Rio de Janeiro se caracterizava por iniciativas isoladas dos princípios modernistas, aquela cidade logo se transformaria no principal polo da arquitetura moderna no Brasil. Quando a iniciativa estatal resolveu encampar o projeto modernista, com a decisão de Gustavo Capanema pela formulação de um novo projeto para o Ministério da Educação e Saúde, em 1935, a arquitetura brasileira ganhou, definitivamente, novos rumos.

No Brasil, contudo, a adoção dos princípios modernistas, ao contrário do que ocorrera na Europa, não se revestiu da negação sistemática dos estilos históricos. Buscou-se legitimar a proposta modernista ligando-a à arquitetura colonial. Ambas fariam parte de um mesmo esforço de formulação de uma arquitetura verdadeiramente brasileira, livre dos estrangeirismos marcantes nas manifestações ecléticas. O forte movimento em busca de identidade nacional que caracterizava nossas manifestações culturais pelo menos desde a Semana de Arte Moderna de 1922 se expandia e ganhava fôlego ainda maior na busca de uma nova arquitetura nacional.

Chefiada por Lúcio Costa, a nova comissão constituída por Carlos Leão, Jorge Moreira, Affonso Eduardo Reidy, Oscar Niemeyer e

---

[32] Carlos Lemos (1983, p. 834) assim define o estilo *art decó* no Brasil: "construções limpas de atavios, revestidas de massa raspada onde fragmentos de malacacheta rebrilhavam ao sol. [...] Era uma nova programação de necessidades ainda satisfeitas pelos métodos construtivos tradicionais. Foram os primeiros passos para a modernidade".

Ernani Vasconcellos submeteria, em 1936, o projeto inicial do Ministério à apreciação de Le Corbusier.[33] Com a nova visita do arquiteto ao Brasil, suas conferências sobre o funcionalismo e sob a égide do financiamento estatal, estava definitivamente aberto o campo para a aplicação das novas concepções arquitetônicas no país.

Graças aos problemas causados pela II Grande Guerra, o amadurecimento da arquitetura brasileira se daria de forma bastante original durante os dez anos que se seguiram à iniciativa de Gustavo Capanema. Houve de fato a tentativa de uma interpretação brasileira dos princípios racionalistas, através de adaptações que tentavam ligar o novo à tradição arquitetônica considerada legitimamente nacional, aplicando-se, por exemplo, azulejos no revestimento de fachadas e da integração entre arquitetura, as outras artes modernas e o paisagismo.

Contudo, como mostra Yves Bruand, somente após o reconhecimento internacional, que se inicia com a exposição em Nova York sobre a nova arquitetura brasileira, em 1942, e com a publicação do livro *Brazil builds*, de Philip Goodwin, é que a clientela privada do país se mostraria disposta a encomendar projetos modernistas, até então quase exclusivamente contratados por organismos estatais.[34] Ou seja, apenas depois de passar pelo crivo dos países "adiantados", sendo reconhecida como uma experiência válida e inovadora até mesmo para os padrões norte-americanos e europeus, é que os brasileiros em geral passaram a admitir a possibilidade de que a arquitetura brasileira pudesse vir a expressar o "novo", o "moderno", aumentando o número de encomendas privadas.

Esse reconhecimento se afirmaria com o destaque cada vez maior alcançado pela obra de Oscar Niemeyer, notadamente com a construção

---

[33] Para uma análise mais detalhada do processo de concepção e construção do prédio do Ministério da Educação e Saúde, Cf. FABRIS. *Fragmentos urbanos: representações culturais*, 2000. p. 153-82.

[34] BRUAND. *Arquitetura contemporânea no Brasil*, 1981, p. 25. Ainda segundo Yves Bruand, "todo país novo, que não tenha um passado longo e brilhante que satisfaça sua sede histórica e seu orgulho natural, inclina-se a colocar todas as suas esperanças nas perspectivas que o futuro lhe oferece; assim, a descoberta brusca, feita *in loco*, por uma das nações mais ricas e prósperas do mundo, de valores presentes e futuros passíveis de repercussão mundial, só podia envaidecer no mais alto grau uma opinião pública ávida de glória" (p. 25).

do conjunto arquitetônico da Pampulha,[35] na primeira metade da década de 1940. Dessa vez, sob a encomenda de Juscelino Kubitschek, então prefeito da capital mineira,[36] a arquitetura moderna brasileira ganharia ainda mais prestígio graças à ousadia do arquiteto em explorar as possibilidades estéticas fornecidas pelo concreto armado, rompendo com o formalismo adotado até então que pregava – com um certo purismo – o uso da linha e dos ângulos retos. Mais uma vez, buscar-se-ia na ousadia barroca de Aleijadinho as origens dessa proposta, enaltecendo o caráter nacional das curvas e sinuosidades de Niemeyer.

Há que se destacar, entretanto, o fato de que, se na década de 1940 o campo da arquitetura religiosa já reivindicava uma maior adaptação aos tempos modernos (como veremos), não coube à Igreja a iniciativa

---

[35] O conjunto arquitetônico da Pampulha, verdadeiro complexo de lazer, teve como primeira edificação inaugurada o Cassino (atualmente Museu de Arte Moderna), em maio de 1942. Completou-se com a construção do Iate Clube, da Casa do Baile e da Capela de São Francisco de Assis. Além de Oscar Niemeyer, a equipe de trabalho formada pelo então prefeito Kubitschek foi composta por figuras como o paisagista Burle Marx, o pintor Cândido Portinari e o escultor Alfredo Ceschiatti. Cf. CAMPOS. *Análise e Conjuntura*, p. 69-90, maio/junho 1983; FABRIS. *Fragmentos urbanos: representações culturais*, 1983, p. 183-211.

[36] Luiz Mauro Passos (1996) demonstra, aliás, como a cidade de Belo Horizonte está marcada desde a sua fundação por uma autoimagem duplamente ligada às ideias de ordenação racional do espaço e de progresso. Com efeito, à capital mineira caberia irradiar padrões civilizatórios, pois teria sido concebida desde o início como centro reordenador da dinâmica de todo o estado – sede política, cultural e posteriormente econômica. Passos ressalta como até mesmo sua localização geográfica seria decorrência de aspectos anteriormente avaliados (como centralidade e caráter "salubre" do território). Contudo, em meados dos anos 1940, por ocasião do seu cinquentenário, as dificuldades inerentes à expansão urbana levavam, na visão de seus habitantes, não a um questionamento sobre a validade dos postulados positivistas, mas a uma nova tentativa de se enquadrar a cidade nos limites de outros planejamentos racionais. Apesar da expansão para além do traçado original ter sido considerada pelos seus planejadores, entre os habitantes da cidade disseminou-se a crença na possibilidade de controle absoluto do espaço por meio de um planejamento técnico eficiente – algo que se assenta perfeitamente às propostas modernistas e que não por acaso encontraria em propostas como o conjunto arquitetônico da Pampulha – supostamente – outra oportunidade para se efetivar. Nesse sentido, seria também reveladora a construção, a partir do início dos anos 1950, do conjunto residencial JK, ousado projeto que previa a criação de formas novas de sociabilidade a partir do ordenamento espacial. Cf. PIMENTEL. *A Torre Kubitschek: trajetória de um projeto em 30 anos de Brasil*, 1993.

de financiar a construção da primeira igreja modernista, mas ao próprio Estado, no caso da Capela de São Francisco de Assis, da Pampulha. Ou seja, se por um lado os arquitetos modernistas já tinham quebrado em parte a barreira dos preconceitos dos clientes particulares, recebendo cada vez mais encomendas, a Igreja católica ainda se mantinha reticente sobre o assunto, envolvida em profundas polêmicas acerca do estilo capaz de melhor expressar os sentimentos cristãos. Obviamente, os arquitetos modernistas seriam altamente beneficiados pela decisão eclesiástica em favor do novo estilo. Passaremos a analisar agora como se deu o processo de aproximação entre os dois campos.

O primeiro exemplar largamente reconhecido pela crítica como arquitetura religiosa modernista no Brasil foi a Igreja de São Francisco de Assis, idealizada por Oscar Niemeyer na primeira metade da década de 1940.[37] Parte do conjunto arquitetônico da Pampulha encomendado por Juscelino Kubitschek, o edifício alcançou enorme repercussão à época graças à ousadia da composição de suas formas.

Dom Antônio dos Santos Cabral, então Arcebispo de Belo Horizonte, não se omitiu perante a construção daquele "edifício de tão aberrante concepção arquitetônica e decoração exótica, em flagrante contraste com o recolhimento e gravidade que devem predominar nos recintos destinados à oração e celebração dos sagrados mistérios".[38] Segundo ele, houve aprovação da ideia inicial de se construir um templo às margens da Lagoa da Pampulha. Contudo, as plantas não lhe foram jamais apresentadas e os terrenos sequer tinham sido doados à Mitra. A "extravagância" da igreja levou-o a estudar melhor o caso, preferindo consultar a opinião de alguns especialistas antes de tomar sua decisão definitiva sobre a destinação do edifício ao culto religioso.

Para se ter uma ideia das reações dos setores católicos mais tradicionalistas a respeito, posteriormente Augusto de Lima Júnior, que empreendeu verdadeira campanha também contra a demolição da igreja de Ferros, como será visto adiante, assim se lembraria do empreendimento:

---

[37] Para LEMOS (1983, p. 847), por exemplo, "o pequeno templo de São Francisco de Assis da Pampulha [...] é outro marco divisor de águas – *é a primeira igreja brasileira de partido realmente moderno* [...]". [grifo nosso].

[38] CAPELA... *Rev. Arquitetura e Engenharia*, p. 44, jul./ago. 1946.

> [...] as instruções da Comissão Pontifícia de Arte Sacra, as tradições milenares da arquitetura cristã, nada disso entrou nas cogitações de quem mandou construir aquela geringonça. [...] Não tem forma de igreja nem de coisa nenhuma. Essa deformidade serviu para achincalhar a idéia religiosa e metê-la a ridículo. Ao lado, está um troço largo em cima e estreito em baixo, numa inversão própria e muito apreciada pelos modernos. Isso é lá com eles...
>
> Uma outra trapalhada é um fingimento de Cruz com a travessa transformada em poleiro ou assento confortável de onde Satã pode conversar calma e confortavelmente com o sr. Kubitschek. Esse tipo de Cruz é completamente desconhecido desde a antigüidade até nossos dias. É a Cruz do Kapeta...
>
> Enquanto os comunistas desenvolviam uma entusiástica propaganda dessa bobagem arquitetônica, para atingirem seus fins de destruírem o sentimento cristão do povo humilde, os tolos, com medo de serem descobertos como bestas, fingiam e fingem ainda, que entendem daquela moxifinada que não entendem.[39]

Curiosamente, se a igreja foi interpretada por alguns como parte de uma estratégia comunista para afastar a religião do povo, para outros teria sido, ao contrário, resultado de uma disseminação indiscriminada do espírito burguês, que buscava conciliar a perversão dos novos hábitos mundanos com a vivência do plano religioso. Segundo o Frei Dominicano Sebastião Tauzin, a concepção do conjunto arquitetônico da Pampulha seria também um grande problema, pois aquele que porventura se aproxima da represa pensa

> [...] que houve um plano de conjunto e que nesse plano a igreja é uma humilde sucursal, uma espécie de sala de espera do Cassino. Tem a impressão de ouvir uma voz que lhe diz: Não tenha medo. Admire a lagoa, divirta-se nos "shows" e no jogo, etc. e acalme seus escrúpulos olhando para esta capela. E atrás dessa convenção vejo o chamado catolicismo burguês fazendo da religião um simples enfeite para alguns momentos da vida humana, para consolar, aureolar de poesia, de mistério, a existência, como se pulveriza o rosto de pó de arroz, sem raiz na personalidade e sem influência nos atos, sem vida. [...] Pergunto, pois: Quando você penetra na

---

[39] LIMA JÚNIOR. *Arte religiosa*, 1966. p. 125.

Igreja da Pampulha, sente vontade de rezar? Pensa que muitas pessoas ao entrarem naquela igreja sentirão vontade de dobrar o joelho e pedir a Deus perdão dos seus pecados? Vejo muito bem nessa igreja visitantes metidos a críticos de arte, senhoras ricas, de toiletes extravagantes, examinando com seus "lorgnons" o cachorro do painel central, apreciando turisticamente os quadros da via sacra, ora pasmando de admiração, ora de indignação, ou a discutir se o que se vê nos azulejos externos são perus ou galinhas, ou aves estilizadas, e se o triângulo que forma o nariz de São Francisco lhe dá um ar simpático, místico ou cruel. [...] Enfim, igrejas não são museus de raridades destinados a uma elite pequenina de iniciados. São lugares em que o povo se reúne para rezar. [...] Será isso o que você viu?[40]

Em compensação, a tônica entre os arquitetos parece ter sido a defesa dos novos princípios estéticos na arquitetura religiosa, como foi o caso de Raphael Hardy Filho e Sylvio de Vasconcellos:

> Hoje, quando o mundo está caminhando para uma nova etapa de sua evolução, quando a Igreja Católica sai em campo para terçar armas em defesa de uma ordem social mais justa, quando a luta entre dois princípios divergentes conduzirá nosso pobre mundo a não sabemos que destino, também a arquitetura de nossas igrejas, sem abandonar os belos ensinamentos da tradição e sem se submeter, porém, a concepções retrógradas, deve caminhar para a frente. [...] Vemos, na Igreja da Pampulha, uma contribuição para a arquitetura religiosa. Uma pesquisa.[41]
>
> Nós vivemos no século XX, usamos sapatos de hoje, roupas de hoje, costumes de hoje, automóveis de hoje. Por que não fazermos um automóvel no estilo 'carro de boi'? Por que Igrejas de ontem? Se na época românica se fez românico, se na Idade Média se fez gótico, se na nossa fase colonial se fez o templo em seu modo próprio, se em nenhuma destas épocas se procurou imitar ou copiar estilos mais antigos, por que hoje haveríamos de reviver fantasmas? O ambiente é outro, o material outro, os sistemas diferentes, o sentir outro – duas guerras – por que a prisão do antigo?
>
> A Igreja da Pampulha é uma igreja. Tão moderna hoje como o foram todos os templos melhores da religião em suas épocas. [...]

---

[40] TAUZIN. *Vozes*, p. 485-486, jul./ago. 1949.

[41] CAPELA... *Rev. Arquitetura e Engenharia*, p. 43, jul./ago. 1946.

Onde está escondido o "gatinho" do comunismo? Não estará apenas roendo os miolos de quem o descobriu? Tenhamos fé. Belo Horizonte é um milagre moderno.[42]

O fato é que a primeira aproximação consistente entre arquitetura modernista e temática religiosa não poderia ser mais turbulenta. Afinal, tratou-se de episódio no qual a iniciativa do Estado deixou à margem do processo de concepção e construção o próprio destinatário do edifício, ou seja, a Igreja católica. Autoridade eclesiástica e regras do direito canônico foram ignoradas e, ainda mais grave, designou-se para a elaboração da Capela da Pampulha um arquiteto assumidamente comunista e ateu, incapaz, para muitos católicos, de canalizar a inspiração divina necessária para projetar edifícios religiosos. Dada a controvérsia, cogitou-se até mesmo a transformação daquele templo em museu de arte moderna.

Talvez por isso mesmo poderíamos afirmar que a arquitetura religiosa modernista tem na Pampulha um caso emblemático, não apenas por seu pioneirismo, mas sobretudo porque demonstra de forma cabal sua ligação a um sistema de significações que nos remete à disseminação do imaginário desenvolvimentista no Brasil. Com efeito, figuras exponenciais do cenário político brasileiro, como Juscelino Kubitschek, parecem ter percebido antes mesmo que a própria Igreja católica como o apelo à satisfação dos sentidos proporcionada pelo compartilhar de elementos "palpáveis" de modernidade ganha ainda mais dramaticidade quando utilizado em edifícios já investidos, na sensibilidade geral, de um sentido sagrado.

A nosso ver, as leituras da Capela da Pampulha como manobra comunista ou manifestação do espírito burguês, embora se referissem a polos ideológicos opostos, foram em grande parte sinais da reação de um sistema interpretativo totalizante que tendia a perder sua força normativa com a crescente complexificação social no Brasil. Sendo os indivíduos chamados, cada vez mais, a forjar suas identidades de acordo com outras tantas "opções", fossem elas sagradas ou profanas, a Igreja católica manifestou, naquele momento, sua preocupação com a progressiva perda de centralidade da religião na economia dos bens

---

[42] CAPELA... *Rev. Arquitetura e Engenharia*, p. 44, jul./ago. 1946.

simbólicos verificada com o processo de modernização da sociedade brasileira.[43] Na verdade, para além das polêmicas quanto ao estilo moderno da pintura e do edifício em si, o episódio soou como uma intromissão inaceitável de elementos laicos e do Estado em assuntos religiosos.

Seria um engano, contudo, considerar as enfáticas manifestações contrárias à Capela da Pampulha por parte de certas autoridades eclesiásticas como uma condenação definitiva da Igreja católica a qualquer tentativa de adaptação dos seus edifícios religiosos aos tempos modernos. O fato é que a obra de Niemeyer teve grande aceitação entre os arquitetos, ansiosos por associar as novas técnicas e materiais disponíveis à temática religiosa. Diversos projetos posteriormente publicados nas revistas de arquitetura se inspiraram claramente na Capela de São Francisco de Assis (como demonstram as FIG. 1 a 9, p. 88-90). Além disso, como veremos, um intenso debate já vinha sendo travado no Brasil desde o início da década de 1930 tanto pelos clérigos como pela intelectualidade leiga católica sobre a necessidade de mudanças no campo da arquitetura religiosa.

A busca de um novo estilo e a defesa do cristocentrismo na concepção de igrejas: os templos antigos incomodam

> *Se à Igreja cumpre sacralizar todas as culturas, sobrelevando as suas inspirações, é um testemunho da sua eficácia o documento histórico dos estilos dos templos, como uma prova do seu apostolado vitorioso, das suas missões triunfais, entre as idades e os povos.*[44]

Apesar da intensidade dos conflitos no caso da Igreja de São Francisco, que viria a ser consagrada apenas em 1959,[45] ou seja, 15 anos após

---

[43] Uma interessante análise do processo de enfraquecimento do poder simbólico exercido desde os tempos coloniais pela Igreja católica no Brasil, apoiada em boa parte nas reflexões de Bourdieu, pode ser encontrada em CAMPOS (1998, p. 63-171).

[44] MONTEIRO. *A Ordem*, p. 15, jul./dez. 1936.

[45] Para acompanhar a longa polêmica em torno da sagração da Igreja da Pampulha, Cf. FABRIS. *Fragmentos urbanos: representações culturais*, 2000. p. 183-211.

sua conclusão, o fato é que desde o início dos anos 1930 significativos setores da própria Igreja católica já reivindicavam o abandono da "imitação de estilos" na construção dos edifícios religiosos. Com efeito, é a partir daquele momento que a preocupação com a necessidade do surgimento de um novo estilo para os templos passa a transparecer cada vez mais nas páginas das principais revistas católicas. Os argumentos favoráveis à mudança estão inicialmente ligados, por um lado, à inadequação dos edifícios de então às exigências impostas pela liturgia e, por outro, ao risco de falsificação graças ao contrassenso de se utilizarem técnicas e materiais modernos na construção de edifícios cujos estilos correspondiam, à sua época, a condições totalmente diversas.

O leigo José Mariz de Moraes, por exemplo, compara "o mau gosto litúrgico no Brasil" com aquilo que vinha sendo feito na Europa em termos de arte sacra. Ao apreciar as fotografias do Pavilhão das Missões Católicas na Exposição Colonial de Paris de 1931, impressas na publicação belga *L'Artisan Liturgique*, comenta:

> Os frescos, as estátuas, os quadros artísticos, os vitrais, tudo enfim, mesmo friamente visto através de fotografias monocromas, tem vida. Olhando essas maravilhas a gente sente que foram feitas para nós, por homens que vivem como nós, numa época que é nossa. Não tem o cheiro mofado das mumificações degradantes de uma arte que foi ótima no seu tempo remoto. Mas que não é a nossa. E cuja tendência a repeti-la, servilmente, artificialmente hoje, é indigna do homem que não quer ocultar a realidade da sua vida. *Tal como ela é, e não como ele quereria que fosse, numa topografia cronologicamente falsa.* [...] Esta seqüência sonora de obras de artes, com a sua canalização sinfônica para um mesmo fim, me fez vir água à boca, e aos olhos ao mesmo tempo. À boca se explica pelo deslumbramento quase infantil que provocou no meu espírito. De fato, minha alegria foi como a dos meninos que batem palmas felizes quando vêem um brinquedo bonito. Mas, quando eles vêem que estes são inacessíveis às suas mãozinhas pobres ficam tristes.[46] (grifo nosso)

Já no caso brasileiro, sua opinião quanto ao quadro geral parece refletir a mesma decepção expressa ao avaliar certa igreja matriz visitada

---

[46] MORAES. *A Ordem*, p. 427, jan./jun. 1932.

nos confins da região Norte (cujo nome foi por ele resguardado provavelmente para se evitar ressentimentos): "toda enfeitada de arabescos profanos, pintada de cores absurdas, superlotada de imagens de todos os feitios, era um armazém de entulhos. De tal modo, a lembrar um porta bibelot de solteirona ranzinza, com mania de colecionismo".[47]

Conforme nos mostra o importante estudo de Frei José Ariovaldo da Silva,[48] é principalmente a partir da chegada do monge beneditino alemão Martinho Michler no Rio de Janeiro, em 1933, que se difundiria no Brasil um conjunto de ideias que mais tarde seriam identificadas como Movimento Litúrgico. Diversos cursos e retiros espirituais organizados por aquele religioso proporcionaram pela primeira vez a um pequeno grupo de universitários e intelectuais católicos o acesso a noções teóricas sobre a liturgia. Ao constatar a ignorância geral quanto aos princípios litúrgicos, verificada inclusive entre os meios mais qualificados, esse grupo restrito de católicos passou a se preocupar cada vez mais com as graves deficiências da formação religiosa brasileira. Condenava-se o sentimentalismo exagerado contido nas piedades individuais. Em detrimento da fé calcada na liturgia, o devocionismo acabaria por disseminar um certo exclusivismo entre os fiéis, prejudicando inclusive a formação do sentido coletivo necessário para o vislumbre do conjunto de católicos como corpo de Cristo. Por demais subjetivas, as práticas já enraizadas em nossa religiosidade popular passaram a incomodar profundamente esses pregadores do resgate da "verdadeira" ritualística católica.

---

[47] MORAES. *A Ordem*, p. 428, jan./jun. 1932. O mesmo autor afirma: "As nossas Igrejas com a sua abundância burguesa de enfeites profanos parecem alegorias carnavalescas. E como não têm o carnaval por finalidade, se tornam, por isso mesmo, imorais" (p.428). Moraes desaprova também a postura de um certo vigário ao construir sua Matriz numa das principais capitais brasileiras (não revela, contudo, os nomes do pároco e da cidade em questão): "Sem procurar ser sincero na obra a empreender, e buscar com simplicidade a beleza no equilíbrio da empresa; sem prestar atenção aos recursos com que Deus brindou a época em que ele vivia; sem ter a coragem de aceitar a realidade viva, ambiente, atual, e procurar tirar do cimento armado, por exemplo, todas as possibilidades a um só tempo úteis e estéticas; sem querer saber de nada dessas coisas simples, ele esqueceu a economia racional, a vida, e a simplicidade" (p. 429).

[48] Cf. SILVA. *O Movimento Litúrgico no Brasil: estudo histórico*, 1983. Trata-se de consulta obrigatória para o estudo do Movimento Litúrgico no país, destacando-se principalmente pelo seu minucioso levantamento de fontes sobre o assunto.

Buscou-se evidenciar a necessidade de maior aproximação entre os cristãos e a Igreja, por meio da participação mais ativa e consciente nos seus mistérios. Utilizar o missal em vernáculo, com o sacerdote de frente para o povo, abolir o automatismo e transformar a celebração da missa em verdadeira assembleia do povo de Deus eram os seus objetivos principais.[49]

Contudo, o pretenso retorno a uma prática cristã não maculada por sucessivas distorções passou pelo anseio de mudança também nos princípios da arte sacra então em vigor. Quanto à organização dos templos, a palavra de ordem foi o cristocentrismo.[50] Segundo essa concepção, a realização da Santa Missa seria o fim superior a que se destinava a edificação de igrejas. Por conseguinte, a exemplo das primeiras basílicas romanas, era em função do altar que deveria convergir toda a composição arquitetônica, eliminando-se quaisquer ornamentos capazes de, porventura, desviar a atenção dos fiéis do local onde se realizava o principal sacramento. O uso de retábulos e imagens nas laterais do altar, por exemplo, seriam desaconselháveis, bem como uma decoração que fugisse dos princípios de simplicidade.

> As operações da liturgia em sua simbólica harmonia, em seu espírito de comemoração real não podem ter por ambiente um recinto que muitas vezes contraria a compreensão da doutrina, mutila valores, subverte o culto, deseduca o povo e descentraliza para devoções

---

[49] Diversos artigos publicados nas principais revistas católicas do período – e que tratam de arquitetura religiosa – se referem às concepções litúrgicas inicialmente defendidas pelo jovem monge beneditino Dom Lamberto Beauduin em Malines (Bélgica) em 1909 e espalhadas pelo mundo através da abadia alemã de Maria Laach: o chamado Movimento Litúrgico. Cf. NABUCO. *REB*, p. 18, mar. 1942; DOCUMENTAÇÃO... *REB*, p. 517-8, jun. 1943.; ARTE... *O Diário*, p. 2, 18 nov. 1943; RIBEIRO. *A Ordem*, p. 112-28, jul./dez. 1943; DOCUMENTAÇÃO... *REB*, p. 474, jun. 1950; SOUSA. *REB*, p. 650, set. 1950; KLAUSER. *REB*, p. 373, jun. 1955; OSWALD. *Vozes*, p. 390-1, jul./ago. 1955; CAMPOS. *A Ordem*, p. 377-8, jan./jun. 1957; PRENTKE. *Vozes*, p. 833, nov. 1957.

[50] O cristocentrismo é uma das principais exigências presentes nos artigos católicos do período sobre arquitetura religiosa. Cf. MONTEIRO. *A Ordem*, p. 17, jul./dez. 1936; NABUCO. *REB*, p. 18, mar. 1942; RIBEIRO. *A Ordem*, p. 134, jan./jun. 1942; ANTUÑA. *A Ordem*, p. 397, jul./dez. 1942; UMA PALESTRA... *O Diário*, p. 2, 10 ago. 1943; ARTE... *O Diário*, p. 2, 18 nov. 1943; SOUSA. *REB*, p. 654, set. 1950; CEREJEIRA. *Vozes*, p. 662, nov./dez. 1953.

secundárias o mistério axial de todo culto católico – o sacrifício verdadeiro e redentor da Santa Missa.[51]

E essa nova perspectiva culmina com a reivindicação de um verdadeiro ativista leigo do Movimento Litúrgico, Fábio Alves Ribeiro, nas páginas da revista *A Ordem*:

> Se temos consciência da superioridade do Mistério oficialmente realizado no culto da Igreja sobre as práticas individuais e particulares, nossa arquitetura terá de refleti-lo. A função do templo não será reunir os fiéis para a prática de suas devoções pessoais – tantas vezes tão afastadas do que há de básico e indispensável na vida cristã – nem mesmo será ter uma finalidade pedagógica, pela multiplicação de símbolos, dizeres e ilustrações. Sua função primordial será congregar o povo cristão em redor do altar, onde o Mistério é rememorado e reapresentado aos fiéis.[52]

Se por um lado começa a transparecer um certo desconforto entre membros da Igreja quanto às piedades específicas do catolicismo popular brasileiro, a imitação de estilos verificada no panorama da nossa arquitetura religiosa também seria criticada de forma cada vez mais veemente,[53] a ponto de ser considerada passível de condenação moral como a mentira pura e simples:

> Tanto os arquitetos e escultores como também os leigos acostumaram-se a falar uma língua da qual eles não sabiam a significação das palavras, perdendo ao mesmo tempo a capacidade de exprimir-se com os seus próprios meios. Perdeu-se o sentimento da sinceridade e da dignidade na construção, os meios técnicos modernos foram escondidos, dissimulados, embaixo de um vestido carnavalesco de formas roubadas, barbaricamente implantadas em organismos absolutamente diferentes.[54]

---

[51] MONTEIRO. *A Ordem*, p. 17-8, jul./dez. 1936.

[52] RIBEIRO. *A Ordem*, p. 133-4, jan./jun. 1942.

[53] Interessante notar que se trata de uma crítica recorrente tanto no debate católico como nas discussões no campo da arquitetura. Cf. MORAES. *A Ordem*, p. 429, jan./jun. 1932; ECKHARDT, *A Ordem*, p. 107-8, jul./dez. 1932; MONTEIRO. *A Ordem*, p. 15-6, jul./dez. 1936; RIBEIRO. *A Ordem*, p. 130, jan./jun. 1942; SABATÉ. *Diário da Noite*, p. 2, 10 out. 1947; OSWALD. *Vozes*, p. 163, mar./abr. 1950; ARQUITETURA... *Habitat*, p. 77, 1951; GUIMARÃES. *Arquitetura e Engenharia*, p. 1, out./dez. 1954; PRENTKE. *Vozes*, p. 828-9, nov. 1957; TRINDADE. *REB*, p.101, mar. 1963.

[54] ECKHARDT, *A Ordem*, p. 108, jul./dez. 1932.

Foram várias reprovações severas quanto à utilização no Brasil dos estilos gótico e "neorromânico", por exemplo, considerando o primeiro capaz de criar simplesmente um "museu medieval" e o último, "uma evasiva cômoda e sonora para tudo quanto não presta".[55] Denunciou-se como arbitrário o conceito de estilo puro, cerne da disputa entre defensores do gótico, bizantino e românico pela legitimidade na representação da verdadeira Igreja católica. Considerados cada vez mais "profanações estéticas" e frutos de "vaidade exibicionista", os templos que seguiam os estilos históricos passaram a ser encarados como "cópias ridículas do passado", incapazes de cumprir o papel geralmente a eles atribuído de representar a permanência, nos tempos modernos, do esplendor obtido em outras épocas pela Igreja católica. Para Prentke, por exemplo, tornou-se evidente de que se tratava

> [...] apenas de uma ficção romântica e nada mais. Não é possível reconstruir, nos tempos que correm, a situação religiosa e social da Idade Média, juntamente com os diversos fatores que influem na formação de um estilo. A nostalgia, evocada pelo neo-gótico, abriu horizontes a uma visão mais crítica da realidade que, afinal, se revelou incompatível com ele.[56]

Ainda assim, houve quem continuasse a defender a pertinência, entre nós, do estilo bizantino e suas adaptações modernas,[57] graças à sua simplicidade e à eficácia de cúpulas e abóbadas em cobrir grandes vãos necessários para abrigar o número crescente de fiéis nas igrejas. Como não poderia deixar de ser, a utilização do estilo colonial também foi objeto de discussões, estando seus defensores convictos de sua consonância com o meio e materiais empregados no Brasil:

> Infelizmente, nós brasileiros menosprezamos e até nos envergonhamos do nosso primoroso estilo colonial. Dentre tantas igrejas importantes construídas nestes últimos 50 anos no Brasil, é difícil encontrar uma em estilo colonial. [...] O estilo colonial, assim como todos os estilos, tem suas regras severas, as quais, observadas,

---

[55] MORAES. *A Ordem*, p. 429, jan./jun. 1932.
[56] PRENTKE. *Vozes*, p. 828-9, nov. 1957.
[57] Cf. PINHEIRO. *Arquitetura e Urbanismo*, p. 4, jan./fev. 1938; NABUCO. *REB*, p. 15, mar. 1942; LOPES JÚNIOR. *REB*, p. 598, set. 1948.

encantam. Como é nosso, passou a ser relegado. [...] Entretanto o colonial é o estilo que se adapta ao nosso clima e à nossa índole. [...] Assim como os arquitetos da antigüidade aperfeiçoaram o românico e o gótico, procurem os nossos artistas aperfeiçoar o colonial. Façam-no evoluir de dentro de suas próprias linhas, endogem-no (desculpem o neologismo), adaptem-no às necessidades e imperativos da época (cimento armado) e lugares (cidades... espaços limitados) e veremos que nenhum outro lhe levará vantagem.[58]

Cumpre destacar que, em meio às discussões sobre o estilo ideal a ser adotado pela Igreja católica nos tempos modernos, encontramos por vezes a advertência de representantes do clero, arquitetos e engenheiros para que os edifícios, qualquer que fosse o estilo empregado, não causassem estranhamento entre os fiéis, destoando das demais construções do local considerado.[59] Segundo essa concepção, seria errado "recorrer a uma gritante linguagem de formas a fim de atrair a atenção dos transeuntes para a igreja que encontram no caminho".[60] Nesse aspecto, a própria Capela da Pampulha seria condenada por representar o "nunca-visto, o extraordinário, que não encontra ressonância senão a do choque e repúdio geral".[61]

De qualquer forma, é a inquietação causada pela ineficácia dos estilos aplicados até então em atribuir autenticidade aos novos templos católicos que aparece de forma mais incisiva em publicações como a *Revista Eclesiástica Brasileira*, a *Vozes de Petrópolis* e principalmente na revista leiga *A Ordem*, do Centro Dom Vital:

> Urge que no domínio da liturgia e mais especialmente da composição arquitetônica eclesiástica definam-se os termos em que se estilizarão, com maior rigor, os motivos e os fundamentos magníficos, divinos, da Verdade Cristã. [...] Na hora atual, [...] quando a

---

[58] SOUSA. *REB*, p. 651-2, set. 1950. Trata-se, sem dúvida, de uma reivindicação afinada com os princípios do movimento neocolonial. Como vimos, a arquitetura modernista no Brasil, curiosamente, iria também se apresentar à época como participante de uma suposta linha de continuidade nacionalista da nossa arquitetura.

[59] Cf. NABUCO. *REB*, p. 14, mar. 1942; LOPES JÚNIOR. *REB*, p. 596, set. 1948; SCHUBERT. *REB*, p. 700-1, set. 1964; PIMENTA, *Acrópole*, p. 23, ago. 1971.

[60] KLAUSER. *REB*, p. 372, jun. 1955.

[61] PRENTKE. *Vozes*, p. 835, nov. 1957.

sociedade se empolga pela expressão grandiosa e austera das novas formas artísticas, cuja valorização e beleza derivam em ordem lógica de sua função e do ambiente de sua elevação [...] é necessário que se reconheça que *essa explosão de vida deve completar a sua integração social revestindo a edificação das igrejas.*[62]

De edificações contemporâneas mais ou menos fiéis a esses cânones fundamentais [funcionalidade, técnica e estética], só tenho notícia de uma meia dúzia no Brasil: *prédio do Aeroporto Santos Dumont, o novo Ministério da Educação, talvez o futuro edifício do Instituto de Resseguros do Brasil, etc. todos projetados pelos arquitetos Milton e Marcelo Roberto. Igrejas, nenhuma, que eu saiba* [...] Não existe ainda um estilo de arquitetura religiosa típico de nossa época, como houve o gótico, o barroco.[63] [grifos do autor].

Este último autor cita, também, a opinião de Alceu Amoroso Lima, que por sua vez destaca: "Para nós que vivemos a religião com a nossa alma moderna, e lutamos por impregnar de religião todas as nossas atividades do século – para nós um templo moderno é o que exige não só a nossa razão, mas ainda a nossa sensibilidade religiosa".[64]

Muito se enfatizou, durante todo o decorrer da polêmica sobre o estilo mais apropriado para as igrejas (que iria da década de 1930 até os anos 1960), que templos e arte sacra deveriam corresponder à época moderna.[65] Com efeito, as perspectivas abertas à arquitetura pelo concreto armado (material de arrojo e facilidade econômica outrora inimagináveis) não deveriam ser desprezadas em favor de um apego exagerado à tradição. Além disso, seria altamente recomendável que a expressão artística no campo religioso não estivesse descompassada em

---

[62] MONTEIRO. *A Ordem*, p. 15-6, jul./dez. 1936.

[63] RIBEIRO. *A Ordem*, p. 133, jan./jun. 1942.

[64] RIBEIRO. *A Ordem*, p. 133, jan./jun. 1942. p. 131.

[65] Cf. MORAES. *A Ordem*, p. 426, jan./jun. 1932; MONTEIRO. *A Ordem*, p. 15, jul./dez. 1936; RIBEIRO. *A Ordem*, p. 134, jan./jun. 1942; PASSOS. *REB*, p. 594, set. 1944; PASSOS. *REB*, p. 100, mar. 1947; OSWALD. *Vozes*, p. 163, mar./abr. 1950; PASSOS. *REB*, p. 207, mar. 1951; CEREJEIRA. *Vozes*, p. 663, nov./dez. 1953; SCHMIEDER. *REB*, p. 724; CUOCO. *Habitat*, p. 93, dez. 1955; MARTINS. *REB*, p. 916, dez. 1955; CAMPOS. *A Ordem*, p. 374, *jan./jun.* 1957; SCHUBERT. *REB*, p. 674, set. 1957; PRENTKE. *Vozes*, p. 833, nov. 1957; SCHUBERT. *REB*, p. 700, set. 1964.

relação aos valores estéticos capazes de comunicar mais eficientemente ao homem moderno.

> Às vezes me pergunto por que certas pessoas boas, cultas, bem dispostas para a religião, não a praticam? É que, estou certo, não podem harmonizar sua cultura com o ambiente que lhes é apresentado como sendo o Templo da Divindade. [...] Se em 1600 e 1700 os nossos artistas souberam criar uma Arte Sacra, nós também havemos de produzir, imitando seu exemplo.[66]

Ou seja, de um lado o desconforto causado por edifícios capazes de despertar "a trágica impressão de um clube de festas, pelo profano e ridículo da decoração, flores de papel, nem sempre artísticas, e fitas e laços e lanternas e todo um mundo de quinquilharias fúteis e inexpressivas".[67] De outro, a necessidade de se encontrar um estilo em conformidade com a técnica, os materiais e a sensibilidade próprios daquela época.

Acreditamos que o crescimento da disputa no mercado de bens religiosos e o progressivo aumento da secularização na sociedade teriam levado setores da Igreja católica a defender a adaptação aos novos tempos como única saída para o reforço de seu papel normativo. Afinal, para ressaltar sua permanência na modernidade como instância fundamental de atribuição de sentido ao mundo, seria inevitável que a Igreja refletisse no aspecto exterior de seus templos o estágio cultural então compartilhado. É bem verdade, contudo, que os fatores mencionados não foram capazes de promover, desde o início, uma aproximação tranquila entre Igreja e arte sacra moderna. Voltando ao caso da Pampulha, por exemplo, algumas críticas ao edifício vieram justamente dos partidários do Movimento Litúrgico. Regina M. Real argumentava que os adornos da obra de Niemeyer não obedeciam aos princípios litúrgicos, pois o painel e a "forma violenta" com que foram tratadas as figuras de S. Francisco e daqueles que o cercavam desviava a atenção dos fiéis, que deveria estar concentrada no altar. No entanto, a mesma autora concluía que nas próximas oportunidades os exageros

---

[66] OSWALD. *Vozes*, p. 427, jul./ago. 1949.

[67] VILAS BOAS *apud* RIBEIRO. *A Ordem*, p. 123-4, jul./dez. 1943.

poderiam ser bem resolvidos, pois "a decoração sacra atual tende para o sentido litúrgico e simbólico mais semelhante à igreja primitiva e neste particular a arte moderna estará perfeitamente integrada".[68]

O que faltava, portanto, efetivamente, entre os anos 1930 e o caso da Pampulha, era apenas um diálogo maior entre Igreja e arquitetos modernistas para que suas propostas resultassem em projetos satisfatórios para ambos os lados. Nesse sentido, seria principalmente a partir de 1946, com a criação da Sociedade Brasileira de Arte Cristã (SBAC), que as ideias do Movimento Litúrgico sobre a disposição ideal dos templos católicos entrariam em maior consonância com as propostas dos arquitetos modernistas. Sem esse processo de aproximação (nosso próximo objeto de análise) dificilmente veríamos a verdadeira "febre" de templos modernistas que atingiu todo o país principalmente durante as décadas de 1950 e 1960 (ver Fig. 25 a 45, Anexo A, p. 197 a 205).

A Sociedade Brasileira de Arte Cristã e as mudanças na relação entre Igreja católica e arquitetura modernista

Em 1954, o editorial da revista *Arquitetura e Engenharia* (edição especial sobre igrejas) destacaria a mudança de atitude tanto dos arquitetos como dos clérigos quanto à solução moderna para os templos católicos. Segundo o periódico, as experiências iniciais se caracterizaram pelo radicalismo de ambos os lados. Os primeiros proclamaram o total rompimento com a tradição dada a necessidade de se superar o academicismo. Muitos membros da Igreja, por sua vez, reagiram através do excessivo apego a tudo quanto dizia respeito ao "passado glorioso" daquela instituição, temerosos de perder ainda mais espaço com a "descaracterização" de seus edifícios. Contudo, percebia-se naquele momento a possibilidade da abertura de uma nova era nessas relações:

> Presentemente parece estar em marcha um certo movimento prenunciando a reconciliação entre a Igreja e as Artes. Aquela, adotando em todos os setores uma atitude mais consoante com a época e com os próprios princípios básicos, tem procurado atrair a geração mais nova de artistas para a sua zona de gravitação.

---

[68] REAL. *Diário da Noite*, p. 2, 12 set. 1947.

> Oferecendo-lhes generosamente os seus problemas de arte sem pretender impor soluções aprioristicas, está proporcionando uma oportunidade singular para a retomada daquela espiritualidade tão falha desde a primeira hora do movimento artístico contemporâneo.
>
> Cabe aos arquitetos aceitar humildemente a reconciliação e, reconhecendo os próprios erros tão honestamente como a Igreja o está fazendo, prepararem-se para enfrentar com melhores possibilidades de êxito um dos mais belos temas – senão o mais belo entre todos – que pode ser oferecido à sua capacidade criadora.[69]

De fato, a partir da fundação da Sociedade Brasileira de Arte Cristã (SBAC),[70] em 14 de setembro de 1946, o estreitamento das relações entre artistas modernos e Igreja católica parece ter avançado bastante, ainda que lentamente. A SBAC foi criada no Rio de Janeiro, por iniciativa do artista plástico católico Carlos Oswald (seu primeiro presidente), com o apoio do Arcebispo da cidade D. Jaime Câmara e do Centro Dom Vital.[71] Na ocasião, ocupava a vice-presidência o Monsenhor Joaquim Nabuco, contando ainda com a colaboração do Pe. Guilherme Schubert e de diversos outros artistas e especialistas em arte sacra. Seus objetivos principais giravam em torno da difusão dos "sãos princípios que devem reger a arte cristã, desde a arquitetura das nossas igrejas até o seu mobiliário, sua decoração e todo o aparelhamento do culto divino".[72]

Tudo indica que tal empreendimento se deveu principalmente ao aumento na demanda por edificações religiosas, acompanhado pela necessidade de orientação (ou controle) dos arquitetos e artistas, dada a frequência com que supostos exageros vinham sendo cometidos no campo da arte sacra contemporânea:

---

[69] GUIMARÃES. *Arquitetura e Engenharia*, p. 1, out./dez. 1954.

[70] Sobre a SBAC, cf. CRÔNICA... *REB*,. p. 214-5, mar. 1947; SCHUBERT. *Diário da Noite*, p. 2, 6, maio 1947; A PROPÓSITO... *Diário da Noite*, p. 2, jul. 1947; NABUCO. *REB*, p. 4, 8, 10, mar 1948; OSWALD. *Vozes*, p. 53-4, jan./fev. 1949; OSWALD. *Vozes*, p. 430-1, jul./ago. 1949; OSWALD. *Vozes*, p. 274-85, maio/jun. 1950; OSWALD. *Vozes*, p. 477-85, set./out. 1951; OSWALD. *Vozes*, p. 636-7, nov./dez. 1952; OSWALD. *Vozes*, p. 168, 173-4, mar./abr. 1953.

[71] Cf. OSWALD. *Vozes*, p. 284, maio/jun. 1950.

[72] CRÔNICA... *REB*, p. 214, mar. 1947.

> É preciso reconhecer que hoje em dia nota-se em todo o Brasil um intenso movimento religioso, devido talvez à Ação Católica e a outros fatores decorrentes do após-guerra e comuns a outros países, como, por exemplo o sentimento que despontou na consciência católica da necessidade de defender seu patrimônio espiritual contra as idéias extremistas. Este fato concretiza-se na ereção de inúmeras igrejas, institutos de beneficência, escolas, ambulatórios, etc... As igrejas antigas já não são mais suficientes para o número sempre maior de fiéis; precisam ser reformadas ou ampliadas; e muitas já o foram (às vezes de maneira infeliz), e outras o estão sendo bem ou mal, nascendo como cogumelos sem critério sério artístico e religioso. [...] Raros são os exemplos de esforços interessantes e, mesmo neste caso, se de um lado os artistas têm entusiasmo, do outro eles não conhecem os mais elementares princípios litúrgicos e realizam extravagâncias que põem perplexos os senhores bispos que devem sagrar igrejas tão esquisitas![73]

Com efeito, o desejo de defender a Igreja contra "exageros e deformações dos modernistas"[74] foi outro importante motivo pelo qual se fundou a SBAC. É possível notar que a apreensão causada pelo episódio da Pampulha, quando a tradição eclesiástica se viu encoberta pelo ineditismo arquitetônico, influenciou bastante a formação da entidade. Monsenhor Joaquim Nabuco, por exemplo, chama a atenção para a importância de se evitar a cópia servil, por um lado, mas não desprezar os chamados estilos históricos na construção de novas igrejas:

> Este grito gótico, gótico, chegou até o Caraça e os longínquos sertões de Pernambuco. [...] É inútil querer forçá-las [as artes aplicadas] a se enquadrarem definitivamente neste ou naquele período: grego, romano, bizantino ou gótico. Mas seria também grave erro simplesmente ignorar tudo que as gerações passadas fizeram de grande e maravilhoso. Há muita coisa do passado que nossa geração não só nunca superou, mas nem sequer igualou [...].[75]
>
> O fim principal da nossa sociedade Brasileira de Arte Cristã é justamente despertar a genialidade dos artistas convencendo-os de que no curto espaço de um século não podem ter radicalmente

---

[73] OSWALD. *Diário da Noite*, p. 6, 16 maio 1947.

[74] OSWALD. *Vozes*, p. 173, mar./abr. 1953.

[75] NABUCO. *REB*, p. 5, mar 1948.

mudado. Ainda são os mesmos homens que construíram Nossa Senhora do Carmo, a Igreja de São Bento, as Catedrais de Minas e da Bahia. É só dar-lhes encomendas...[76]

Disponibilizar pareceres gratuitos por parte de uma comissão consultiva e formar uma biblioteca especializada no planejamento e decoração de igrejas foram as primeiras iniciativas daquela sociedade civil. Seus dirigentes manifestaram, de início, o interesse também em publicar um boletim e, futuramente, uma revista de arte cristã aplicada ao país, congregando artistas dispersos até então no imenso território nacional, mas que já vinham desenvolvendo bons trabalhos no campo da arte sacra. Almejavam, ainda, a promoção de conferências sobre o assunto para a orientação do clero, arquitetos e artistas plásticos, criando um ambiente adequado para a troca de experiências.

Já em dezembro de 1947 organizou-se uma grande exposição de arte sacra contemporânea no edifício do Ministério da Educação e Saúde (como vimos, considerado o primeiro grande exemplar de arquitetura moderna no Brasil). Na oportunidade, além de projetos arquitetônicos, participaram da mostra trabalhos de pintura, escultura, gravura, desenho, cerâmica, bronze, ferros e encadernações, paramentos, cartazes litúrgicos, móveis e presépios.[77] Os organizadores pretenderam demonstrar a viabilidade de se conciliar arte moderna e Igreja, desde que os artistas abandonassem posturas individualistas e aceitassem servir aos princípios ditados pela finalidade litúrgica de suas obras, ressaltando em conferências durante a exposição:

> Qual é a finalidade da Sociedade Brasileira de Arte Cristã? Respondo imediatamente: pôr a arte a serviço da Igreja, e assim evitar de inverter a ordem das coisas, pondo a Igreja a serviço da arte. [...] Há rubricas a serem observadas, e há usos e costumes recebidos. Mas em relação à construção e decoração de igrejas tem havido usos e abusos. Coisas há que a boa tradição não pode aceitar.[78]

---

[76] A PROPÓSITO... *Diário da Noite*, p. 2, jul. 1947.
[77] OSWALD. *Vozes*, p. 278, maio/jun. 1950.
[78] NABUCO. *REB*, p. 4, mar 1948.

Para tanto, deveria haver uma maior aproximação entre representantes da Igreja católica e artistas,[79] objetivo declarado da SBAC. De início, seria imprescindível lutar por uma formação mais sólida dos clérigos no que tange aos conhecimentos em arte litúrgica e história da arte em geral. Havia a percepção de que, sem desenvolver a sensibilidade artística dos padres, responsáveis mais diretos pela preservação e pela formação do patrimônio das igrejas, qualquer tentativa para mudar o panorama da arte cristã no país se mostraria inútil.[80] Carlos Oswald, presidente da SBAC, chegou a elaborar um curso de arte a ser ministrado nos seminários.

Por outro lado, o diálogo entre a Igreja e a arte moderna não se efetuaria sem a conscientização dos artistas de que a verdadeira criação na arte sacra ocorreria somente quando subordinada aos princípios cristãos, em detrimento da vaidade e do individualismo intrínsecos ao conceito de arte pura. Se não havia consenso quanto ao fato de os artistas sem fé estarem automaticamente impedidos de trabalhar no campo da arte sacra, era ponto comum que, sem adquirir um mínimo do "substrato cultural" católico, o artista plástico dificilmente atenderia a contento as demandas apresentadas pela liturgia da Igreja.

Aliás, esse foi um dos principais focos da discussão em torno da arte moderna. Para muitos, a missão da arte religiosa contemporânea seria romper com a "presunção fantástica da inteligência humana e falta absoluta de noções metafísicas" dos artistas modernos, dominar o fanatismo pelo progresso técnico e sobrepujar o espírito ao "demonismo" da máquina e da matéria.[81] Para Alceu Amoroso Lima, por

---

[79] Cf. NABUCO. *REB*, p. 22, mar. 1942; COSTA LIMA. *REB*, p. 532, jun. 1942; OSWALD. *Diário da Noite* 16 maio 1947. p. 2, 6; CONSTANTINI. *Diário da Noite*, p. 2, 21 nov. 1947; NABUCO. *REB*, p. 4, mar 1948; GUIMARÃES. *Arquitetura e Engenharia*, p. 1, out./dez. 1954; CALIXTO. *A Ordem*, p. 190, jul./dez. 1955; PRENTKE. *REB*, p. 111, mar. 1959.

[80] Cf. MORAES. *A Ordem*, p. 430, jan./jun. 1932; OSWALD. *Diário da Noite*, p. 2 e 6, 16 maio 1947; OSWALD. *Vozes*, p. 426, jul./ago. 1949; OSWALD. *Vozes*, p. 161, mar./abr. 1950; OSWALD. *Vozes*, p. 247, maio/jun. 1954; OSWALD. *Vozes*, p. 476-7, 479, set./out. 1954; CALIXTO. *A Ordem*, p. 189, jul./dez. 1955; MARTINS. *REB*, p. 908, dez. 1955; CONSTITUIÇÃO... *REB*, p. 1045, dez. 1963.

[81] ECKARDT. *A Ordem*, p. 109, jul./dez. 1932.

exemplo, o liberalismo burguês considerava a arte como simples ornato, ou então a dessacralizava criando um campo estético supostamente independente dos valores sobrenaturais e sociais. O purismo estético teria feito da arte uma atividade seccionada, em suas raízes, de Deus e da sociedade. O socialismo, por sua vez, aprofundava a dessacralização do domínio estético ao subordinar a arte apenas aos valores sociais, de tal modo que o individualismo era substituído pela coletividade. O cristão deveria, ao seu turno, salvar a arte do dilaceramento proposto por essas correntes históricas, salvaguardando sua verdadeira independência e plenitude. Enfim, caberia à Igreja e aos católicos defender a autonomia dos valores humanos e divinos perante o "hedonismo liberal-burguês" e ao "pragmatismo socialista".[82]

As numerosas advertências contra a arte sacra moderna publicadas pelas autoridades eclesiásticas[83] destacavam a inconveniência de o artista exercitar livremente sua subjetividade quando a serviço da Igreja, visto que deveria atentar a todo momento para as finalidades litúrgicas de sua obra. No campo das artes plásticas, em especial, muitos acreditavam ser impossível despertar sentimentos de fé e piedade nos católicos por meio das "deformações modernistas" e mostraram-se temerosos quanto à "*moda* pelo disforme e pelo grotesco". Afinal, seria um grande erro ignorar "o valor pedagógico e instrutivo de representações que falam aos sentidos constatado pela psicologia moderna".[84]

Para outras figuras da Igreja, como o Cardeal Celso Constantini,[85] além de não estabelecer comunicação com o povo, a principal consequência

---

[82] LIMA. *A Ordem*, p. 12-7, jul./dez. 1945.

[83] Cf. CRÔNICA... *REB*, p. 452, jun. 1947; DOCUMENTAÇÃO... *REB*, p. 703-4, set. 1948; DOCUMENTAÇÃO... *REB*, p. 696-8, set. 1952; DOCUMENTAÇÃO... *REB*, p. 989, dez. 1955; IDÉIAS... *Vozes*, p. 215-7, mar./abr. 1956; CRÔNICA... *REB*, p. 507-8, jun. 1956.

[84] BERNARD. *REB*, p. 892, dez. 1959.

[85] O Cardeal italiano era uma das figuras mais radicalmente opostas à aproximação entre Igreja e arte moderna. Artigo publicado na *REB*, por exemplo, relata as denúncias do Cardeal Celso Constantini contra "heresias" da arte moderna na Europa. São condenados o "escândalo" da capela do Rosário, de Vence (na França), pintada por Matisse, e de Turim, onde Mastroianni ornamentou a capela do Instituto S. Ana com esculturas "impudicas". Cf. CRÔNICA... *REB*, p. 507-8, jun. 1956.

da arte moderna seria a cisão dos cristãos, com a exposição da Igreja ao ridículo. Ele compara as supostas "heresias em arte sacra" com certas festas sacrílegas da Idade Média, em que eram parodiadas as autoridades eclesiásticas. Na sua opinião, "muitos artistas modernos, com a mal disfarçada intenção de ridicularizar o culto católico, escarnecem não apenas da hierarquia da Igreja, mas da própria imagem de Cristo, da Virgem e dos Santos".[86]

É interessante notar que a discussão se tornava ainda mais controversa quando se tratava das orientações do Vaticano sobre o assunto, pois estas eram citadas tanto pelos defensores do novo quanto pelos tradicionalistas como prova da concordância da perspectiva oficial da Igreja com suas opiniões.[87] Como exemplo, temos um discurso proferido em 1932, na inauguração da Pinacoteca Vaticana, no qual Pio XI afirmou:

> As igrejas, Habitações de Deus e Casas de Oração, não podem abrigar a arte amoral: que tal arte não seja admitida nas nossas Igrejas, e muito menos seja invocada para construí-las, reformá-las ou decorá-las; o que não impede, contudo, de abrir de par em par todas as portas e dar as mais sinceras boas-vindas a todo bom e progressivo desenvolvimento das boas e veneradas tradições, que em tantos séculos de vida cristã, em tanta diversidade de ambientes e condições sociais e étnicas, quantas vezes foram procuradas ou estudadas e cultivadas sob a dupla luz do gênio e da fé, deram sempre sobejas provas de ineuxarível capacidade para inspirar formas novas e belas.[88]

Nesse caso, obviamente, a interpretação do que seria o "bom e progressivo desenvolvimento das boas e veneradas tradições" variava de acordo com a posição de cada um sobre o modernismo na arte religiosa.

Especificamente no campo da arquitetura, o principal receio das autoridades eclesiásticas e de ativistas católicos dizia respeito ao perigo do materialismo utilitário da proposta modernista se transferir automaticamente para o campo religioso, representando mais uma vitória

---

[86] CONSTANTINI. *REB*, p. 379, jun. 1957.

[87] Cf. SCHMIEDER. *REB*, p. 666, set. 1955.

[88] DOCUMENTAÇÃO... *REB,* p. 704, set. 1948.

do laicismo sobre o espírito cristão no século XX. A vulgarização dos templos católicos foi objeto de inúmeras advertências,[89] pois a intenção de simplicidade poderia facilmente se perverter em eliminação do caráter especial até então atribuído aos edifícios religiosos:

> A igreja nem é prisão, praça de comércio, entreposto de mercadorias, nem estufa de vidro para plantas exóticas, nem oficina de mecânicos ou fábrica, nem fortaleza, nem teatro, nem garage, nem monte de caixotes intersectados, nem cofre de aço e bronze, armado em colossal...[90]
>
> A prática e a economia não nos devem levar a construir as nossas igrejas como se fossem fábricas, nem dar-lhes um aspecto de armazéns. De modo algum, devemos equiparar as Casas de Deus a casas de negócio. Não é raro vermos modelos de igrejas a serem construídas e algumas já edificadas que, retiradas a cruz ou o monograma de Cristo em grego geralmente, em nada se diferenciam de magazines. Falta-lhes até a harmonia de linhas. [...] Americanismo, mania da época.[91]
>
> A arquitetura sagrada, se bem que tome formas novas, não pode de maneira nenhuma assemelhar-se aos edifícios profanos [...]; brilhe também uma igreja moderna pela bela simplicidade das linhas, que foge dos ornatos de mau gosto; mas evite-se tudo o que mostre negligência na concepção e na execução.[92]

De acordo com essa visão, portanto, integrar os templos católicos nos conjuntos arquitetônicos locais sem maiores distinções seria abrir mão de um capital cultural de suma relevância para a Igreja. E de fato é o que sugerem pelo menos alguns exemplos retirados das revistas de arquitetura do período (ver Fig. 10 a 15, p. 91-93). Estes utilizam elementos formais bastante aproximados daqueles predominantes nos edifícios "profanos".

Enquanto alguns recomendavam uma atitude de "certa indulgência moderada"[93] para com os exageros que viessem a ser cometidos nessa fase de transição e formação de um novo estilo, outros condenavam

---

[89] Cf. PASSOS. *REB*, p. 599, set. 1944.; OSWALD. *Vozes*, p. 162, mar./abr. 1950; OSWALD. *Vozes*, p. 34, jan./fev. 1953; SCHUBERT. *REB*, p. 673, set. 1957.

[90] COSTA LIMA. *REB*, p. 533, jun. 1942.

[91] SOUSA. *REB*, p. 654, set. 1950.

[92] DOCUMENTAÇÃO... *REB*, p. 697, set. 1952.

[93] PASSOS. *REB*, p. 600, set. 1944.

de antemão qualquer "extravagância" dos edifícios modernistas. Para estes, os templos não deveriam de maneira alguma se transformar em "laboratórios de experiência" para a arte moderna, sob pena de amargar a antipatia dos fiéis e até mesmo cair no terreno do caricato:

> Se, porém, um jornal ou uma revista traz a foto de uma igreja moderna, mostra, evidentemente, tratar-se, via de regra, de edifícios tão arrojados e excêntricos os quais, por não significarem um fruto maduro de arte de possível enquadramento na corrente tradicional cristã brasileira, provocam antes choque e repulsa que aplauso.[94]
>
> Não duvidamos que também o homem moderno seja capaz de achar formas estéticas. Assim muitos particulares sabem dar às suas casas formas graciosas e não consentiriam em admitir estilo armazém, túnel, colméia ou taba indígena, como infelizmente vemos desfiguradas recentes casas de Deus.[95]

Apesar da polêmica em relação ao estilo moderno ter atravessado todo o período, a criação da SBAC parece de fato ter aumentado o diálogo entre representantes da Igreja e artistas modernos, especialmente no campo da arquitetura, como declararia algum tempo depois seu próprio presidente, na revista *Vozes*:

> Aplicando princípios de austera simplicidade à arquitetura religiosa, muitos arquitetos modernos-sérios têm obtido resultados bem interessantes. Devemos desde já declarar que achamos a arquitetura sacra moderna na vanguarda das outras artes plásticas.[96]

Podemos acompanhar nos artigos do período a trajetória da percepção de que, apesar da dificuldade de identificação de caracteres rígidos, graças ao caráter fragmentário das experiências, um "novo estilo" já estava em franco desenvolvimento na arquitetura religiosa.[97] Como

---

[94] PRENTKE. *REB*, p. 110, mar. 1959.

[95] BERNARD. *REB*, p. 895, dez. 1959.

[96] OSWALD. *Vozes*, p. 162, mar./abr. 1950.

[97] Cf. RIBEIRO. *A Ordem*, p. 133, jan./jun. 1942; PASSOS. *REB*, p. 100, mar. 1947; NOTICIÁRIO. *Diário da Noite*, p. 2, 5 set. 1947; LIMA. *A Ordem*, p. 258, jan./jun. 1948; SOUSA. *REB*, p. 650, set. 1950; PASSOS. *REB*, p. 210, mar. 1951; OSWALD. *Vozes*, p. 480 e 484, set./out. 1951; GUIMARÃES. *Arquitetura e Engenharia*, p. 1, out./dez. 1954; OSWALD. *Vozes*, p. 34, jan./fev. 1955; CALIXTO. *A Ordem*, p. 191, jul./dez. 1955; CAMPOS. *A Ordem*, p. 374, jan./jun. 1957; VILLAÇA. *A Ordem*, p. 420, jul./dez. 1959.

não poderia deixar de ser, as primeiras afirmações eram no sentido da vivência de uma fase de transição:

> Não possuímos ainda um estilo moderno de característicos definidos e comuns. As oscilações e extrema variedade notados indicam bem o esforço de um período que procura a fórmula definitiva de seu estilo próprio. E o maior elogio que podemos fazer à arquitetura moderna é apontar, justamente, o seu aspecto de atividade criadora – e não decadente – preparando o estilo do século XX. Dar um juízo definitivo sobre a nova arte é arriscar-se, portanto, a uma conclusão prematura: o estilo moderno é um fruto que promete, sim, mas que não amadureceu ainda.[98]

Inicialmente, enfatizou-se que o desejo de satisfazer plenamente a funcionalidade, refletido nos projetos da arquitetura moderna, era bastante positivo, algo que deveria se transferir também para o campo da arquitetura religiosa. Da mesma maneira, a simplicidade na decoração e nas linhas gerais dos edifícios seriam desejáveis, pois seguiam as orientações do próprio Movimento Litúrgico.

A despeito de todas as controvérsias, permaneceu a busca generalizada por uma nova maneira de edificar os templos católicos, e a partir de meados dos anos 1950 foi crescente a sensação de que a tendência geral seria a harmonização entre propostas da Igreja católica e realizações dos arquitetos. Até mesmo o utilitarismo puro e simples, tão condenado pelas autoridades eclesiásticas, já começava a ser combatido no campo da arquitetura. Bruno Zevi, por exemplo, afirmava ser o momento de reavaliar a "proposta espiritual da arquitetura moderna racionalista" de produzir um efeito moralizador no desenvolvimento da civilização através da simplicidade e eliminação do insignificante. Fruto da necessidade de rompimento radical com o academicismo, a busca de simplificação já merecia ser relida, e o problema da época seria, ao contrário, o enriquecimento do dicionário figurativo.[99]

Tudo indica que, a partir dessa época, houve realmente uma confluência de propósitos entre Igreja e arquitetos modernistas, como sugerira o já citado editorial de 1954 da revista *Arquitetura e Engenharia*.

---

[98] PASSOS. *REB*, p. 598-9, set. 1944.
[99] ZEVI. *Arquitetura e Engenharia*, p. 2-6, out./dez. 1954.

Com base em levantamento realizado nas revistas brasileiras de arquitetura entre as décadas de 1940 e 1970, pudemos identificar como período de maior incidência de projetos modernistas para a arquitetura religiosa no Brasil justamente a década de 1950 (ver Tab. 1, p. 97). Mesmo que essa fonte em si seja decerto insuficiente para aferir com precisão as ocorrências de igrejas modernistas em todo o Brasil durante o período (o próprio caso de Ferros não se encontra nas revistas de arquitetura), pode ser um bom indicador de que pelo menos o interesse dos arquitetos na concepção de edifícios religiosos de estilo moderno cresceu bastante naqueles anos, acompanhando a tendência mais geral da arquitetura em seguir as diretrizes modernistas. Essa constatação se encontra também nas revistas católicas do período, que publicam declarações do seguinte teor:

> Há vários sinais animadores que se podem facilmente verificar entre os moços da última geração, sinais que [...] despertam a esperança de que o máximo furor do furacão que desabou sobre as artes já passou e que tempos melhores sobrevenham.[100]
>
> A arte sempre foi uma arma poderosa. Não apenas de instrução, de orientação e guia, como também de propaganda. Basta meditar no uso que dela faz o comunismo internacional. Para a Igreja ela sempre foi a "Bíblia do Povo". Foi... não é mais; pois as bobagens camufladas de arte que se fazem nas igrejas de hoje não têm o dom de se comunicar à inteligência, ou ao coração de quem quer que seja.
>
> [...] Deixando de orientar os progressos da arte, perdeu a Igreja uma valiosa arma [...]. Contém este tópico uma dolorosa verdade, – é tão verdade, que já se esboça uma reação mesmo dentro da Igreja, no sentido da renovação urgente, não só para atualizar a arte cristã, mas também para impregná-la dos mais puros sentimentos de religiosidade tradicionais da nossa fé; e já estão aparecendo no mundo os artistas capazes dessa renovação.[101]
>
> Não podemos dizer que já existe, sistematizada, essa escola moderna de arte sacra. O que podemos afirmar é que, se não existe, ela cada dia mais se concretiza, mais se depura dos exageros e da confusões,

---

[100] OSWALD. *Vozes*, p. 34, jan./fev. 1955.
[101] CALIXTO. *A Ordem*, p. 190-1, jul./dez. 1955.

mais alcança o seu objetivo de expressar, apostolarmente, um novo estilo de santidade.[102]

"Felizmente, há experiências de arte sacra moderna, que já nos permitem falar de uma reconciliação entre o cristianismo e a arte, depois de longo divórcio".[103]

Portanto, foi no período áureo do desenvolvimentismo que as igrejas modernistas alcançaram também o seu apogeu. Curiosamente, à medida que o sonho de prosperidade tão intenso na década de 1950 vai perdendo seu fôlego, o ritmo das construções modernistas cai, comprovando talvez que tais igrejas tinham cumprido naquele momento seu papel.

Apurar as circunstâncias específicas nas quais todas essas igrejas foram construídas exigiria, sem dúvida um trabalho de fôlego muito maior que este ora proposto. Contudo, é de fundamental importância destacar que entre as ocorrências de igrejas modernistas construídas no Brasil durante as décadas de 1940 e 1960 houve – assim como no caso da cidade mineira de Ferros – diversos casos em que antigos templos católicos foram demolidos para dar lugar às novas edificações. Blumenau, Bragança Paulista, Cataguases, Carmo do Rio Claro, Lagoa Santa, Maringá, Piranga e o próprio caso de Ferros são apenas alguns exemplos de um processo que parece ter alcançado proporções bem maiores. Acreditamos que, em casos como esses, ampliou-se bastante a intensidade da experiência modernista na arquitetura religiosa brasileira, por ser incorporada ao seu projeto a destruição de edifícios até então fundamentais na constituição da autoimagem das comunidades católicas (ver Fig. 17 a 24, p. 94-96).

De meados dos anos 1930 até o advento da Capela da Pampulha, de Niemeyer, na primeira metade da década de 1940, observamos o anseio cada vez maior por reformar internamente os edifícios religiosos católicos, impulsionado por disposições litúrgicas identificadas com a revalorização do rito romano. A iniciativa está, portanto, com os próprios membros da Igreja e com setores do laicato. O aspecto exterior

---

[102] CAMPOS. *A Ordem*, p. 378, jan./jun. 1957.

[103] VILLAÇA. *A Ordem*, p. 420, jul./dez. 1959.

dos templos não se altera radicalmente e busca-se apenas aplicar os novos materiais em conjunto com elementos dos "estilos históricos".

A partir da Capela da Pampulha, a iniciativa passa gradativamente aos arquitetos, e a reformulação estética dos templos se aproxima cada vez mais da arquitetura modernista, processo que em princípio é considerado ameaçador pela Igreja católica. Prova disso é a fundação da Sociedade Brasileira de Arte Cristã, em 1946, com o intuito de instruir os artistas e conduzir as mudanças de acordo com os interesses da própria Igreja.

Aos poucos, os representantes do clero e do laicato católico vão mudando de atitude e percebem que, ao contrário, a utilização de templos modernistas poderia auxiliá-los na tarefa de "recristianização do mundo paganizado", pois o método mais eficaz de conversão seria aquele capaz de manipular os sonhos e as aspirações do meio considerado. Nesse sentido, a tradução imagética do desejo de modernidade por meio do templo católico mostra-se altamente sedutora e interessante, representando a antecipação de um futuro no qual a Igreja continuaria como instância fundamental, dada a sua capacidade de responder às novas angústias e inquietações do homem moderno.

Acreditamos que, nessas ocasiões, os templos construídos acabaram se revestindo de uma dupla sacralidade, num imbricado de significações que remetem, simultaneamente, ao sagrado e ao profano. Espécie de ode ao futuro em face da não identificação com a paisagem, incrustada no seio de típicas cidades do interior, a edificação de igrejas matrizes modernas cumpriu seu papel no mercado de bens religiosos ao garantir o destaque desses prédios no conjunto arquitetônico local, mantendo a posição de referência comunitária a eles tradicionalmente atribuída. Contudo, as igrejas modernistas emergiram como duplo canal de atribuição de sentido ao mundo por não satisfazer, em seu traçado, apenas às exigências funcionais da liturgia católica, mas, sobretudo, ao desejo de superação do atraso presente nas populações dos países e regiões ditos "periféricos".[104]

---

[104] A recorrência com que iremos tratar da relação centro/periferia, ainda que os termos apareçam sempre entre aspas, pode passar a ideia de que trabalhamos com tais conceitos como categorias estáticas e antitéticas do sistema capitalista global, normativas num sentido mais amplo. Esclarecemos que os termos são utilizados

Marshall Berman menciona em sua análise sobre o "modernismo do subdesenvolvimento" características comuns a todos os processos de modernização que tiveram como palco as chamadas "periferias do capitalismo". Ao contrário da "modernização como rotina", própria dos países considerados "avançados" e que trouxe consigo um modernismo obtendo visão e energia de uma realidade modernizada, a "modernização como aventura" das "periferias" trouxe um modernismo que ora simplesmente se recusava a aceitar um quadro material tão contrário aos seus valores, anseios e aspirações, ora apostava em tentativas espetaculares de assumir para si toda a responsabilidade de transformação social.[105] Refletir sobre o investimento quase esquizofrênico dos países tidos como "subdesenvolvidos" em fragmentos dispersos de modernidade implica reconhecer como os conflitos modernos assumiram, entre nós, contornos ainda mais radicais que nas regiões consideradas "centros hegemônicos" da economia mundial (ver Fig. 16, p. 93).

O fascínio exercido pela estética modernista se ampliou bastante nas "periferias" graças à afinidade entre sua proposta de apagamento e reinscrição da história e a forte presença de uma ideologia desenvolvimentista nessas regiões. Como destaca James Holston,[106] na visão de arquitetos modernistas, um simples edifício ou uma cidade inteira eram concebidos como um centro irradiador de novas práticas sociais, estimuladas a partir do estranhamento estético produzido pelas suas obras. Esse efeito seria capaz, por si só, de romper com hábitos e costumes das populações locais, pois evidenciariam o caráter histórico da

---

apenas como instrumental de delimitação das diferenças de intensidade e implicações do chamado "modernismo como aventura" (conceito criado por Marshall Berman, como se verá adiante). Afinal, às sociedades que passaram a experimentar processos de modernização já tendo como referência a realidade supostamente modernizada de outras regiões do planeta foram colocadas certas especificidades que não podem ser desprezadas. A existência de um descompasso entre padrões de produção e consumo provenientes de países considerados "modelo de maturidade" e o estágio de modernização compartilhado pelo restante dos povos está efetivamente colocada para certas sociedades e não para outras.

[105] BERMAN. Petersburgo: o modernismo do subdesenvolvimento. In: *Tudo que é sólido desmancha no ar; a aventura da modernidade*, 1986. p.167-269.

[106] HOLSTON. *A cidade modernista: uma crítica de Brasília de sua utopia*, 1993.

sociedade, retirando do domínio da natureza quaisquer impedimentos à efetivação da felicidade humana, ou seja, quaisquer impedimentos ao alcance de um "crescimento autossustentado" conduzido racionalmente. No fundo de todo o seu investimento residia a crença de que seria possível, a partir do planejamento urbano e da aplicação de técnicas de choque como a descontextualização, desnaturalizar tudo aquilo que parecia como dado para aquelas sociedades e promover a instauração de um novo começo, conduzindo forçosamente aquelas sociedades à criação de relações sociais outras. Ou seja, a premissa fundamental da arquitetura e do urbanismo modernistas, desde suas primeiras formulações teóricas, se referia a um certo *determinismo ambiental* que apostava na possibilidade de se configurar uma nova sociedade a partir de um planejamento técnico estratégico e competente do meio a ser compartilhado pelos homens.

Nesse sentido, Castoriadis nos chamaria a atenção para uma das significações imaginárias sociais mais importantes do mundo moderno:

> a idéia de que o crescimento ilimitado da produção e das forças produtivas é de fato o objetivo central da vida humana. [...] A ela correspondem novas atitudes, valores e normas, uma nova definição social da realidade e do ser, do que conta e do que não conta.[107]

Através de uma pequena genealogia do termo "desenvolvimento", Castoriadis procura demonstrar como no mundo pós-guerra, principalmente, o crescimento econômico apareceria como a chave para todos os problemas humanos. Tal processo se estenderia a tal ponto que mesmo as críticas mais radicais não conseguiriam se desvencilhar dos principais postulados do sistema, chegando a propor simplesmente o "não crescimento" como saída para o alto preço a ser pago pelos seres humanos e pela biosfera na troca por desenvolvimento contínuo. Contudo, como destaca Castoriadis, "nos países 'desenvolvidos' crescimento e bugigangas eram tudo o que o sistema podia oferecer às pessoas", tornando-se inconcebível para o conjunto da organização social e psíquica dos indivíduos modernos uma interrupção no processo de expansão.

---

[107] CASTORIADIS. Reflexões sobre o desenvolvimento e a racionalidade. In: *Revolução e autonomia. Um perfil político de C. Castoriadis*, 1981. p. 129.

Não há como deixar de levar em conta a enorme influência causada pela disseminação nos países ditos "periféricos" da ideia de que a entrada na fase de "crescimento autossustentado" resolveria, a exemplo do que supostamente ocorrera nos países "desenvolvidos", a totalidade de suas mazelas sociais. O efeito de demonstração dos valores culturais disseminados a partir dos países ricos impulsiona ainda mais as camadas dominantes dos países "atrasados" no sentido de superar a disparidade, o fosso entre o nível de desenvolvimento de suas respectivas forças de produção e padrões de consumo. Contudo, o termo "desenvolvimento", ao ser considerado em si mesmo, está intimamente ligado à proposição do Ocidente como modelo para o mundo todo, como o estado normal de uma sociedade, um estado de maturidade que aparentemente dispensa explicações: a capacidade de crescer indefinidamente. Castoriadis nos lembra que o desenvolvimento nada mais é do que "a realização do virtual", ou seja, a efetivação de um processo de cunho "biológico" no qual estão predefinidos um estado de maturidade e uma norma natural. No entanto, o desenvolvimento tal como proposto pela sociedade ocidental apresenta este paradoxo: não pode jamais ter um ponto de chegada, sendo definido pelo estado no qual se pode obter um crescimento autossustentado e ao mesmo tempo indefinido.

> Chegamos assim à presente situação. O desenvolvimento histórico e social consiste em sair de todo estado definido, em atingir um estado que não se define senão pela capacidade de atingir novos estados. A norma é a não existência de norma. O desenvolvimento histórico e social é um desdobramento indefinido, infinito, sem fim (nos dois sentidos da palavra fim). E, na medida em que a indefinitude nos é insustentável, a definitude é fornecida pelo crescimento das quantidades. [...] Foi assim que o desenvolvimento veio afinal a significar um crescimento indefinido, e a maturidade, a capacidade de crescer indefinidamente. E assim concebidos, enquanto ideologias, mas também, a um nível profundo, enquanto significações imaginárias sociais, eles eram e continuam a ser consubstanciais a um grupo de 'postulados' (teóricos e práticos), dos quais os mais importantes parecem ser:
>
> – a 'onipotência' virtual da técnica;
>
> – a 'ilusão assintótica' relativa ao conhecimento científico;

– a 'racionalidade' dos mecanismos econômicos;

– diversos lemas sobre o homem e a sociedade, os quais, embora tenham mudado com o tempo, implicam todos que o homem e a sociedade sejam 'naturalmente' predestinados ao progresso, ao crescimento, etc.[108]

À técnica, portanto, foi atribuída responsabilidade ainda maior na América Latina, por exemplo, onde supostamente haveria a oportunidade da formulação autêntica do "novo" por parte das vanguardas. Segundo essa concepção, tudo ainda estava por se fazer num território ainda não contaminado pelas mazelas geradas pelo desenvolvimento capitalista, permitindo que se evitasse desde o início problemas como a ocupação desordenada do espaço e o caos urbano, desde que o planejamento técnico prevalecesse, ancorado no aparelho estatal. Castoriadis afirma que, apoiados em uma crença na possibilidade de separar meios e fins, os homens modernos não atentaram para o fato de que a técnica acabou tornando-se o campo de satisfação de um desejo bastante específico, o de controlar a ação e seus efeitos:

> A ilusão não-consciente da 'onipotência virtual' da técnica, ilusão que tem dominado os tempos modernos, apóia-se em uma outra idéia não discutida e dissimulada: a idéia de poder. [...] Atrás da idéia de poder há o fantasma do controle total, da vontade ou do desejo dominando qualquer objeto e qualquer circunstância. [...] Qualquer um admitiria, é claro, que a idéia de controle total, ou melhor de domínio total é intrinsecamente absurda. Nem por isso a idéia de domínio total deixa de constituir o motor oculto do desenvolvimento tecnológico moderno.[109]

Contudo, a inconsistência dos "fragmentos de poder" conquistados pela técnica se expressaria em situações nas quais jamais poderíamos satisfazer nosso desejo de controle, pois a imponderabilidade dos resultados e até mesmo da própria ação não pode jamais ser superada, ainda que o desejemos. Os obstáculos ao desenvolvimento econômico – cuja superação

---

[108] CASTORIADIS. Reflexões sobre o desenvolvimento e a racionalidade. In: *Revolução e autonomia. Um perfil político de C. Castoriadis*, 1981. p. 129-30.

[109] CASTORIADIS. Reflexões sobre o desenvolvimento e a racionalidade. In: *Revolução e autonomia. Um perfil político de C. Castoriadis*, 1981. p. 138.

exigiria segundo as crenças ocidentais disseminadas no mundo pós-guerra apenas medidas igualmente econômicas – se mostrariam intangíveis à completa teorização de organismos como CEPAL e ISEB[110] (no caso da América Latina e especificamente do Brasil), e a substituição da denominação de países atrasados para "em vias de desenvolvimento" se revelaria cada vez mais um simples eufemismo. Para Castoriadis, a inconsistência das crenças sobre a teleologia ocidental do desenvolvimento tem sido encoberta pela maneira voluntária com que as populações tidas como "periféricas" investiram os padrões de vida dos países industrializados de um caráter normativo:

> Começou-se então a perceber obscuramente que não existiam "obstáculos ao desenvolvimento" particulares e separáveis, e que, se o terceiro mundo devia "ser desenvolvido", as estruturas sociais, as atitudes, a mentalidade, as significações, os valores e a organização psíquica dos seres humanos deviam ser mudados. [...] O Ocidente tinha de afirmar que [...] havia descoberto o modo de vida apropriado para qualquer sociedade humana. Para os ideólogos ocidentais *foi uma sorte que o mal-estar que eles poderiam ter experimentado a esse respeito tenha sido aliviado pela precipitação com a qual as nações "em vias de desenvolvimento" tentaram adotar o "modelo" ocidental de sociedade* – mesmo quando a sua "base" econômica não existia.[111] (grifo nosso)

Se a modernização gerou, por um lado, a disseminação entre nós de padrões produtivos e de consumo próprios dos países chamados "desenvolvidos", ela criou também uma situação de descompasso entre nossas estruturas sociais e o vislumbre recorrente da superação do atraso

---

[110] Acreditamos que formulações teóricas como as da Comissão Econômica para a América Latina e do Instituto Superior de Estudos Brasileiros demonstram a ressonância altamente favorável, em regiões ditas "periféricas" como o Brasil, da proposição dos países industrializados do ocidente como modelo de maturidade para o restante do planeta. Cf. BIELSCHOWSKI. *Pensamento econômico brasileiro: o ciclo ideológico do desenvolvimentismo*, 2000; RODRIGUEZ. *Novos Estudos CEBRAP*, dez. 1986; TOLEDO. *ISEB: Fábrica de Ideologias*, 1977; ANDRADE. *A economia do subdesenvolvimento: o Estado e a política na doutrina da CEPAL (1949-1964)*, s/d.

[111] CASTORIADIS. Reflexões sobre o desenvolvimento e a racionalidade. In: *Revolução e autonomia. Um perfil político de C. Castoriadis*, 1981. p. 124.

por meio do acesso imediato aos produtos de tecnologia supostamente avançada. Marca das sociedades consideradas "periféricas", a força do discurso desenvolvimentista e de sua ressonância em nossa cultura política deve-se, em grande parte, ao efeito mobilizador da angústia do atraso. Preferindo viver num "simulacro" de país desenvolvido, as populações ditas "periféricas" acabam sendo movidas pelo sonho de modernidade que as impede de dimensionar a importância do cultivo e disseminação de outros valores, desejos e aspirações que não reduzem a promessa de felicidade humana à sensação de progresso e bem-estar material.

Acreditamos, portanto, que a força do discurso desenvolvimentista em mobilizar desejos e orientar ações nas sociedades chamadas "periféricas" teria sido o principal elemento capaz de dar consistência à opção preferencial pelas igrejas modernistas no Brasil observada principalmente no decorrer das décadas de 1950 e 1960. Além disso, a "angústia do atraso" teria acabado por contribuir enormemente com a amenização das controvérsias levantadas também em torno da demolição de diversos templos católicos no país, apesar de se tratar de edifícios de grande valor para as comunidades locais. Quando setores mais tradicionalistas do interior da hierarquia católica e do laicato saíram em defesa da preservação das antigas igrejas, o poder de mobilização da utopia desenvolvimentista teria sido decisivo no embate pela conquista da "opinião pública".

Boa parte dos artigos publicados nas revistas católicas durante o período demonstram que o investimento emocional das comunidades católicas em relação aos seus templos não correspondia, na maioria das vezes, ao pensamento do clero e das demais autoridades eclesiásticas, para quem o edifício religioso deveria possuir um caráter nitidamente funcional, atendendo às disposições litúrgicas correspondentes ao seu tempo. Por outro lado, se nos anos 1950 e 1960 a Igreja brasileira percebia o seu papel como referência comunitária cada vez mais ameaçado, tornava-se ainda mais importante que o templo católico estivesse "no centro psicológico da vida da comunidade, ligada ao movimento natural dos paroquianos, para que estes [passassem] naturalmente pela igreja no caminho para o trabalho, as compras e até as reuniões sociais".[112]

---

[112] SCHUBERT. *REB*, p. 700, set. 1964.

Via de regra, os templos antigos ocupavam justamente a região mais nobre dessas cidades, e é bastante provável que em boa parte por isso não tenham sido poupados da destruição.

Entretanto, como vimos, o impulso dado pelo Movimento Litúrgico às igrejas cristocêntricas e a insatisfação com o "detestável ecletismo" do século XIX, acompanhada da percepção de que deveria haver "um estilo novo para a nova cristandade",[113] foram outros elementos que, mesmo não necessariamente convergentes em todos os casos, acabaram por contribuir para que se efetivassem diversas reformas ou substituições de antigos templos católicos no Brasil. Nesse sentido, poderíamos acrescentar ainda o expressivo crescimento da população e da concentração urbana experimentado a partir da década de 1930 (que teve como consequência a necessidade de ampliação da capacidade das igrejas) e o espírito de expansão da fé católica predominante com o final da II Guerra Mundial (a teoria social da Igreja pretendendo se impor como terceira via frente ao capitalismo e ao comunismo).[114]

---

[113] RIBEIRO. *A Ordem*, p. 130 e 134, jan./jun. 1942.

[114] Desde 1891, aliás, com a encíclica Rerum Novarum de Leão XIII, a Igreja católica buscava consolidar uma proposta política alternativa que se opusesse, ao mesmo tempo, ao liberalismo econômico e ao socialismo. Tal alternativa passaria inevitavelmente pela disseminação do cristianismo, colocado como único caminho capaz de solucionar os conflitos de classe próprios da sociedade moderna, geradores dos diversos males econômicos e sociais que assolavam o mundo. Aos poucos, contudo, como nos lembram Pierucci, Souza e Camargo (1984, p. 364-6), "a Doutrina Social da Igreja toma partido e se reduz a um reformismo no interior do sistema capitalista: legislação social e trabalhista, assistencialismo, liberdade de organização, normatividade ética na economia via Estado, etc. [...] Não há por que se admirar de que o desenvolvimentismo, em suas diferentes formulações, tenha encontrado, em setores progressistas do episcopado brasileiro, aliados fervorosos. [...] Os anos 50 foram de importância crucial para a Igreja do Brasil. É quando consideráveis setores da Igreja modernizam sua atuação na sociedade, pensam-se e atuam como 'promotores do desenvolvimento', vão ao encontro das camadas populares sobretudo nas regiões mais atrasadas e subdesenvolvidas, mantêm relações de bom entendimento e colaboração com o Estado. Ou seja, no movimento de se atualizar e agilizar seus métodos de evangelização, de aumentar sua credibilidade tornando-se útil, a Igreja se transforma num poderoso agente ideológico da expansão nacional da hegemonia da grande burguesia do Centro-Sul, via Estado, processo que se verbaliza na fraseologia ideológica da 'integração' de 'áreas atrasadas' ao 'ritmo do desenvolvimento nacional'." Entretanto, seria de um reducionismo bastante temeroso tentar explicar

Mas outra interpretação possível seria a de que, assim como a construção de igrejas modernas se encontrava carregada de significado, a destruição de antigos edifícios religiosos também representaria mais do que o resultado da somatória entre a visão predominante na Igreja e as opções da ação sempre limitada do Estado na defesa do patrimônio artístico e histórico. Pelo menos para uma parcela das populações locais, trataria-se de uma espécie de ritual de autoflagelação purificadora no qual, em nome da instauração de um novo começo glorioso, os elementos do passado identificados com o atraso seriam banidos física e simbolicamente naquilo que tinham de mais caro para a comunidade: a sua igreja.

A posição aparentemente paradoxal das autoridades eclesiásticas sobre o destino de um grande número de templos antigos no Brasil entre as décadas de 1940 e 1960 pode ser compreendida, em parte, pela renovação litúrgica e pelo anseio por edifícios religiosos que refletissem a própria época. Mas como explicar a omissão, à época, das autoridades civis responsáveis pela preservação do patrimônio histórico e artístico perante a maioria das demolições? Em outras palavras, dada a posição das autoridades da própria Igreja, por que diversas demolições de antigos templos católicos não receberam por parte das autoridades civis responsáveis pela preservação do patrimônio histórico e artístico da época uma atenção especial? Talvez um bom caminho para se encontrar respostas a esse questionamento seja analisar como se deram, no período, as relações entre Igreja católica e políticas públicas de preservação.

A demolição de igrejas católicas e a questão do patrimônio histórico e artístico

Os patrimônios históricos e artísticos se constituem graças à ação de autoridades que atribuem valor a certos bens. É considerado digno

---

a disseminação da arquitetura religiosa modernista no Brasil apenas como resultado de decisões tomadas pela cúpula da Igreja católica, a partir de cálculos políticos diretos que exigiam a associação entre arquitetura dos templos e desenvolvimentismo. Afinal, essa atitude excluiria do processo todo o debate existente na própria Igreja sobre arquitetura religiosa, a complexidade das relações simbólicas atribuídas pelas comunidades católicas aos seus templos – antigos e modernos –, bem como todos os conflitos existentes em torno dos projetos modernistas e das demolições.

de proteção tudo aquilo que, supostamente, seja capaz de reforçar imagens coletivas, a partir de critérios necessariamente subjetivos e, por consequência, arbitrários. Assim sendo, a eficácia das políticas de preservação depende, via de regra, do estabelecimento de um certo consenso sobre a validade desses critérios.

Como nos lembra Canclini, mesmo no caso de monumentos e museus abertos ao público, "é preciso reconhecer que os bens reunidos por cada sociedade na história não pertencem realmente a todos, ainda que formalmente pareçam ser de todos e estar disponíveis ao uso de todos".[115] O autor recorre a Bourdieu e defende a reformulação do conceito de patrimônio

> [...] em termos de capital cultural [por ter] a vantagem de não representá-lo como um conjunto de bens estáveis e neutros, com valores e sentidos fixos, mas sim como um processo social que, como o outro capital, se acumula, se renova, produz rendimentos de que os diversos setores se apropriam de forma desigual. Se é verdade que o patrimônio serve para unificar uma nação, as desigualdades na sua formação e apropriação exigem que se o estude, também como espaço da luta material e simbólica entre as classes, as etnias e os grupos.[116]

Por outro lado, todo receptor produz significações que muitas vezes se distanciam daquelas atribuídas pelos autores a um determinado produto cultural. É possível, portanto, considerar como ainda mais complexo esse processo de atribuição de valor que seleciona como dignos de proteção determinados bens e não outros. Com efeito, não estaria ao alcance dos agentes estatais a atribuição e a definição única e exclusiva desses valores, uma vez que é justamente a multiplicidade dos códigos de apropriação o grande impulsionador de conflitos na área da definição dos patrimônios históricos e artísticos, mediados por interesses estatais e privados, bem como pela atuação dos movimentos sociais organizados.

Não raramente, as disputas no campo simbólico encontram forte argumento na alegação de autoridade intelectual por parte de certos

---

[115] CANCLINI. *Revista do Patrimônio Histórico e Artístico Nacional*, 1994. p. 96.
[116] CANCLINI. *Revista do Patrimônio Histórico e Artístico Nacional*, 1994. p. 97.

agentes. É o caso daqueles que se apresentam como portadores de conhecimento suficiente para definir com isenção sobre o destino de bens móveis e imóveis produzidos pelo homem. Em sociedades politicamente desarticuladas, cuja autoimagem encontra-se em débil processo de formação, tal argumento é quase sempre suficiente para se resolver polêmicas em torno da pertinência da preservação desse ou daquele edifício, dessa ou daquela produção artística. Além disso, a responsabilidade de preservar fisicamente os bens tombados, geralmente atribuída pelas leis ao Estado e aos proprietários particulares, costuma colocar em segundo plano a reflexão sobre o valor cultural a eles atribuído, enfatizando-se quase sempre a dimensão técnica da conservação nos trabalhos de gestão do patrimônio.

Contudo, como já mencionamos, o ato de objetivar "comunidades imaginadas" por intermédio de determinados bens desperta no mais das vezes conflitos entre diversos interesses – e no caso de bens arquitetônicos, especialmente, acrescenta-se aos embates culturais a disputa gerada pelo valor econômico agregado aos edifícios. Nesse sentido, o direito individual à propriedade, mesmo se vinculado à sua função social, representa outro entrave efetivo ao estabelecimento de um consenso imediato sobre a pertinência dos tombamentos, exigindo uma definição clara por parte da legislação sobre os critérios utilizados na definição dos limites entre o direito público e o direito privado de apropriação sobre o mesmo objeto.

Em todas as sociedades históricas seria possível encontrar a valorização de objetos – e também de edificações – capazes de dar forma à coexistência partilhada por comunidades imaginárias. Essa capacidade envolve certos bens de uma aura especial, por estabelecer uma sensação coletiva de pertencimento e, dessa maneira, gera a necessidade de produzirem-se meios para a sua perpetuação. De acordo com Choay,[117] a noção de monumento histórico surge, entretanto, somente a partir da primeira metade do século XV, quando o Renascimento italiano promoveria uma percepção de distanciamento entre épocas. O fato é que, até então, o atrelamento irrestrito da arte à cultura cristã medieval

---

[117] Cf. CHOAY. *A alegoria do patrimônio,* 2001.

restringira o olhar esteticamente voltado para as edificações e obras de arte do período clássico, tendo sido elas menosprezadas, avaliadas apenas em função de valores religiosos que as consideravam como ruínas do paganismo. Com a volta do interesse pelos objetos da antiguidade, os antiquários disseminam-se por toda a Europa e passam a se dedicar à preservação dos vestígios não apenas do período greco-romano, como também de outras civilizações.

Choay nos lembra que o interesse público pela preservação, entretanto, viria apenas com a ameaça efetiva de destruição dos monumentos já então valorizados tanto histórica como artisticamente (representada pelo vandalismo da Reforma e da Revolução Francesa) e com a emergência dos nacionalismos na Europa. Enquanto na Inglaterra os antiquários tomavam a iniciativa, na França foi o Estado monárquico, influenciado pelo Iluminismo, o principal responsável pela acumulação e preservação de acervos museológicos. Todavia, com a Revolução de 1789, quaisquer símbolos identificados com aristocracia e Igreja passaram a ser alvo de destruição por parte dos grupos até então subjugados, causando o repúdio de eruditos preocupados com a questão da preservação necessária ao progresso cumulativo do conhecimento humano. Para gerir bens confiscados e protegê-los não apenas como obras de arte, mas principalmente como símbolos nacionais, criou-se em 1793 a Comissão de Artes. Tornava-se em seguida necessário estabelecer as bases da propriedade dos bens confiscados, bem como investi-los de uma nova significação orientada pelos valores pedagógicos e morais almejados pelos republicanos. A noção de patrimônio histórico e artístico nacional remonta, portanto, à época da Revolução Francesa, quando se reforça a instrumentalização da história e da arte em nome da criação de uma identidade nacional.

Choay destaca o surgimento de uma série de conceitos; os bens são divididos entre móveis e imóveis, destinando-se os primeiros preferencialmente a museus e discutindo-se a questão de como conservar e utilizar, ao mesmo tempo, os segundos. Contudo, a institucionalização definitiva da área acontece somente a partir de 1830 com a criação do cargo de Inspetor dos Monumentos Históricos. Então, a ideia de patrimônio colaboraria intensamente na busca pela identidade francesa, com a utilização dos bens tombados como poderoso recurso na luta pela construção de versões oficiais sobre o passado.

Durante o século XIX, ainda segundo Choay, Revolução Industrial e Romantismo operaram mudanças na percepção sobre os monumentos, e o sentimento de reverência nacionalista até então predominante daria lugar ao de lembrança nostálgica. Enquanto historiadores se voltavam aos documentos escritos e diminuíam seu interesse pelas antiguidades, preocupados em construir histórias nacionais "científicas", os vestígios do passado passam a ser alvo principalmente da admiração estética, seguindo a tendência romântica de utilizar a emotividade na tarefa de consolidar valores nacionais. Entretanto, houve farta polêmica no que se refere ao tratamento ideal a ser destinado aos monumentos. Enquanto uns defendiam a conservação a partir de uma perspectiva museológica, retirando os bens patrimoniais do alcance da vida cotidiana e tratando-os apenas como ícones de uma época passada, outros acreditavam na ideia de que até mesmo as marcas do tempo seriam partes intocáveis dos monumentos, condenando qualquer tipo intervenção de modo a preservar seu valor de ancianidade, ou seja, a capacidade dos monumentos se referirem ao ciclo da criação e destruição. Por outro lado, defendeu-se também a pertinência da restauração como atividade criadora, o que permitiria nos trabalhos de recuperação, inclusive, a modificação dos traços originais dos monumentos. Como nos lembra Maria Cecília Fonseca,

> No século XIX se consolidaram dois modelos de política de preservação: o modelo anglo-saxônico, com o apoio de associações civis, voltado para o culto ao passado e para a valoração ético-estética dos monumentos, e o modelo francês, estatal e centralizador, que se desenvolveu em torno da noção de patrimônio, de forma planificada e regulamentada, visando ao atendimento de interesses políticos do Estado. Esse último modelo predominou entre os países europeus e foi exportado, na primeira metade do século XX, para países da América Latina, como o Brasil e a Argentina, e, após a Segunda Guerra Mundial, para as ex-colônias francesas.[118]

---

[118] FONSECA. *O patrimônio em processo: trajetória da política federal de preservação no Brasil*, 1997. p. 62.

No início do século XX, havia indícios de que a atribuição do valor de ancianidade aos monumentos (evitando-se quaisquer interferências no sentido da preservação) encontraria no avanço das técnicas de reprodução audiovisual um forte aliado.[119] Contudo, a partir da segunda metade do século, as exigências de um consumo cultural massificado – representado pela mercantilização dos bens culturais via exploração turística – incidiriam cada vez mais sobre os critérios de conservação e restauração dos bens patrimoniais. Preocupadas com o valor de novidade, ou seja, orientadas pelo olhar que considera belo apenas o novo e o intacto, as multidões representariam um enorme reforço na defesa pela restauração dos monumentos históricos e artísticos, juntando-se àqueles há muito preocupados principalmente com a preservação do valor de uso dos bens imóveis. Segundo Canclini, para aqueles que sustentam uma concepção mercantilista do patrimônio,

> Os gastos requeridos para preservação do patrimônio são uma inversão justificável caso resulte em dividendos para o mercado imobiliário ou ao turismo. [...] A este modelo corresponde uma estética exibicionista na restauração: os critérios artísticos, históricos e técnicos se sujeitam à espetacularidade e à utilização recreativa do patrimônio com o fim de incrementar seu rendimento econômico. Os bens simbólicos são valorados na medida em que sua apropriação privada permite torná-los signos de distinção ou artigo de consumo em um "show" de luz e som.[120]

O fato é que, no debate atual, o estabelecimento de um consenso entre aqueles que defendem o valor de uso, o valor de novidade e o valor de ancianidade dos bens parece algo muito distante. Contudo, expande-se cada vez mais a noção de patrimônio, que, impulsionada pela etnografia e pela antropologia, atinge campos outrora inimagináveis. Disposta entre os direitos culturais do cidadão, a participação ativa da sociedade no estabelecimento do corpo de bens dignos de proteção

---

[119] "Desde o célebre texto de Benjamin de 1936, um dos temas cruciais da estética é a maneira como a reprodutibilidade técnica da pintura, da fotografia e do cinema atrofiam a 'aura' das obras artísticas, essa 'manifestação irrepetível de uma distância' que a existência de uma obra única, num só lugar, tem para aquele que peregrina a fim de contemplá-la" (CANCLINI, 1994, p. 109).

[120] CANCLINI. *Revista do Patrimônio Histórico e Artístico Nacional*, p. 104, 1994.

por parte do Estado retira desse último a quase exclusividade até então desfrutada nesse campo e procura definir políticas de proteção a partir de critérios orientados por outros focos de identidade que não somente a nação. Nesse sentido, emergem manifestações culturais populares como a culinária, festas religiosas, os processos artesanais de produção, etc.

No Brasil, em termos jurídicos, a primeira referência à noção de patrimônio histórico e artístico nacional se dá na Constituição de 1934, tendo sido regulamentada a proteção de bens culturais por meio de decreto-lei somente em novembro de 1937. Entretanto, a ação política do Estado nessa área não pode, é claro, ser reduzida aos termos da legislação vigente, criando-se a falsa imagem de uma orientação estatal isenta, coesa e imune a pressões e antagonismos sociais.

Desde a década de 1920, o debate intelectual brasileiro já vinha apresentando sua apreensão em torno da fragilidade dos conjuntos arquitetônicos das chamadas "cidades históricas", dado o estado de precariedade de muitos monumentos públicos e edifícios e a ausência de uma política de proteção desses bens perante a interpelação do mercado imobiliário. Os modernistas, em sua busca pela verdadeira identidade nacional, seriam levados a reconhecer que o rompimento radical com o passado, no campo das artes, só faria sentido nos países cujas manifestações culturais se dessem de acordo com padrões nacionais cristalizados, o que efetivamente não acontecia no Brasil. Na visão desses intelectuais, de fato fazia-se necessária uma ruptura com a predominância até então verificada dos padrões europeus nas criações artísticas brasileiras. Entretanto, tal ruptura se daria não através da negação sistemática de todo o passado – característica do modernismo europeu –, mas por meio da valorização de certos elementos do passado entendidos como expressões peculiares de nossa cultura nacional. Nesse sentido, Minas Gerais se apresentaria como principal foco dessas expressões, e monumentos considerados até então como portadores de valor artístico duvidoso – expressões do primitivismo e atraso coloniais – despertariam cada vez mais admiração. Em diversas viagens feitas às cidades históricas, intelectuais do Rio e São Paulo tiveram a sensibilidade despertada para o barroco mineiro, elevando-o a partir daí à categoria de estilo brasileiro autêntico e puro no campo artístico.[121]

---

[121] Cf. BORGES. *Locus*, p. 114-5, v.5, n.2, 1999.

Entretanto, como demonstra Lauro Cavalcanti, a preocupação com o estado dos conjuntos arquitetônicos das cidades históricas não fora exclusividade dos modernistas.[122] Intelectuais conservadores já se manifestavam há algum tempo sobre a necessidade de políticas públicas de preservação, estando diretamente envolvidos na formação das primeiras Inspetorias Estaduais de Monumentos Históricos (ainda na segunda metade da década de 1920) em Minas Gerais, Bahia e Pernambuco. Em nível nacional, a primeira iniciativa coube a Gustavo Barroso – que mais tarde se transformaria num dos principais ativistas políticos do Integralismo. Com a criação da Inspetoria dos Monumentos Nacionais, resultado da ampliação das atividades do Museu Histórico Nacional, em 1934, a concepção conservadora que enfatizava o culto patriótico aos grandes homens e acontecimentos dum passado nacional "glorioso" seria a primeira responsável pela gestão do patrimônio nacional.[123] Os conservadores não formulariam, contudo, uma reflexão teórica mais apurada e uma política efetiva de preservação de grande alcance, tendo sua atuação limitada por três anos – no período entre 1934 e 1937 – à inspeção de algumas obras realizadas em Ouro Preto com recursos estaduais. Sua grande realização se dera antes mesmo da formação da Inspetoria. Em 1933, sob a influência desse grupo, Getúlio Vargas consideraria a cidade de Ouro Preto como monumento nacional, por meio de decreto (graças em grande parte à atuação do escritor Augusto de Lima Júnior, como relataremos na segunda parte deste trabalho).

Ainda conforme Cavalcanti,[124] outros grupos competiam com os modernistas e com o grupo conservador de Barroso pela hegemonia na gestão dos monumentos históricos e artísticos no Brasil. Representando concorrentes mais fortes que Barroso pelo menos no que se refere ao prestígio entre os intelectuais, os defensores do neocolonial – entre eles o português Ricardo Severo, o francês Victor Dubugras e José Marianno Filho – também destacavam o estilo colonial como expressão artística puramente brasileira. Divergiam dos modernistas, contudo,

---

[122] Cf. CAVALCANTI. *Modernistas na repartição*, 1993.

[123] Sobre a atuação de Gustavo Barroso no Museu Histórico Nacional, Cf. ABREU. *A fabricação do imortal: memória, história e estratégia de consagração no Brasil*, 1996.

[124] CAVALCANTI. *Modernistas na repartição*, 1993. p. 17-8.

ao propô-lo como referência exclusiva para as novas produções da arquitetura contemporânea. Lauro Cavalcanti destaca, ainda, a existência de um quarto grupo, ligado a Oswaldo Teixeira e Carlos Maul, radicado na Escola Nacional de Belas Artes e que defendia princípios mais consonantes com a chamada "direita getulista".

Com a implantação do Estado Novo, em 1937, seria de se supor que o grupo menos indicado para exercer a hegemonia na gestão do patrimônio fosse justamente o dos modernistas. Afinal, a perspectiva política presente no discurso sobre o passado (e sobre o futuro) dos outros três grupos parecia bem mais afinada com o ideário varguista. Entretanto, a ascensão de Gustavo Capanema ao cargo de Ministro da Educação e Saúde, desde 1934, teria sido crucial para a aproximação verificada entre intelectuais modernistas e Estado a partir de então. Sua afinidade pessoal com as propostas modernistas o levaria a recusar o projeto em estilo marajoara para o novo edifício do Ministério da Educação e Saúde. Como é sabido, no ano de 1935, orientado por Mário de Andrade, Capanema convocou Lúcio Costa para elaborar novo projeto – dessa feita funcionalista – para aquele edifício. Esse, por sua vez, constituiu a famosa equipe orientada por Le Corbusier e responsável pela construção do "grande marco inicial" da arquitetura moderna brasileira.

Algum tempo depois ocorreria a desativação da Inspetoria dos Monumentos Nacionais – controlada por Gustavo Barroso no Museu Histórico Nacional – e a criação oficial do Serviço do Patrimônio Histórico e Artístico Nacional (SPHAN), em janeiro de 1937. Os nomes de Mário de Andrade e Rodrigo Mello Franco de Andrade, encarregados por Capanema da tarefa de elaboração do projeto de criação do órgão, representavam a peculiar situação na qual o mesmo grupo responsável pela renovação arquitetônica no Brasil – os modernistas – exerceria a partir dali a hegemonia no campo da gestão dos bens históricos e artísticos nacionais. No caso brasileiro, as significações atribuídas aos edifícios, bem como sua capacidade de representar o passado, o presente e até mesmo o futuro, se viram inevitavelmente ligadas à interpretação modernista sobre a evolução da "autêntica" arte nacional.

Segundo a concepção expressa no anteprojeto elaborado por Mário de Andrade, do qual pouco seria aproveitado no Decreto-Lei nº 25, de

30 de novembro de 1937, o valor histórico deveria ser considerado tão ou mais importante que o artístico como critério para o tombamento de edificações, o que revelaria uma visão de cultura mais aproximada do campo antropológico do que estético e formal por parte daquele modernista. A prática do SPHAN, contudo, sob a orientação principal de Rodrigo Mello Franco de Andrade, acabou por sinalizar uma hierarquização entre as inscrições nos livros de tombo, orientada por uma perspectiva mais estética que histórica, algo devido em boa parte à hegemonia dos arquitetos na composição do conjunto de técnicos responsáveis pela gestão do patrimônio.[125] Conforme Fonseca,[126] os "cânones da arquitetura modernista" que orientaram a gestão do patrimônio histórico e artístico no Brasil colocavam "em segundo plano o critério de seleção de bens com base em sua representatividade histórica, considerada a partir de uma história da civilização material brasileira", dando ênfase aos aspectos formais.

> Quanto aos estilos de época, havia também uma hierarquização. O barroco era o estilo mais valorizado, sendo seguido pelo neoclássico. A arquitetura moderna, que foi introduzida no Brasil em 1928, já em 1947 teve seu primeiro exemplar tombado – a igreja de São Francisco de Assis, [...] de autoria de Niemeyer. Ainda nesse período foram tombados o prédio do MEC (1948), a estação de hidro-aviões do Rio de Janeiro, de autoria de Átilo Correia Lima (1957), e a Catedral de Brasília, também de Oscar Niemeyer (1967). Quanto ao estilo eclético, a "ovelha negra" da arquitetura brasileira aos olhos dos arquitetos modernistas, apesar de sua importância histórica como estilo característico da Primeira República, só foram tombados três imóveis, e mesmo assim exclusivamente pelo seu valor histórico.[127]

Tendo em vista os critérios de hierarquização estilística promovidos pelo SPHAN, é possível considerar que a demolição de antigos templos

---

[125] Cf. FONSECA. *O patrimônio em processo: trajetória da política federal de preservação no Brasil*, 1997.

[126] Cf. FONSECA. *O patrimônio em processo: trajetória da política federal de preservação no Brasil*, 1997. p. 121-2.

[127] FONSECA. *O patrimônio em processo: trajetória da política federal de preservação no Brasil*, 1997. p. 128.

católicos – muitas vezes em estilo eclético e, portanto, de pouco ou nenhum valor artístico na avaliação dos técnicos responsáveis pelo patrimônio – para substituí-los por edificações modernistas seria algo perfeitamente justificável.[128] À ideia de continuidade intrínseca entre os programas da arquitetura colonial brasileira e a proposta modernista pareceria bastante apropriada, inclusive, a eliminação dos edifícios em estilo histórico – os "neossuperficiais" – da paisagem nacional. Acrescente-se à valorização quase exclusiva dos exemplares do barroco o fato de o órgão contar, em 1957, por exemplo, com apenas 20 funcionários para cuidar da preservação de monumentos arquitetônicos de todo o país, muitos sequer remunerados com regularidade.[129] Temos aí o quadro da fragilidade com que era tratada a preservação de antigos templos católicos fora do próprio âmbito da Igreja.

Mas de que maneira os critérios estabelecidos pelo SPHAN influenciaram as autoridades eclesiásticas e os demais párocos na visão que eles mesmos formariam sobre a pertinência ou não de se preservar antigos templos católicos, no período que vai dos anos 1930 aos anos 1960 no Brasil? É bastante provável que a hierarquização de valores dos estilos promovida pelo órgão (na qual o barroco nacional se destacava em detrimento dos ecletismos) tenha representado a principal referência da Igreja católica no momento de avaliar o nível de preservação exigido pelos seus templos. Afinal, como nos lembra Célia Borges, "até a década de setenta foi essa primordialmente a prática dos técnicos dos órgãos de preservação".[130] Por outro lado, nas decisões pontuais, caso houvesse a menor dúvida sobre o valor artístico do edifício e das demais obras de arte religiosas, quase sempre a adequação do edifício

---

[128] Maria Cecília Londres Fonseca nos adverte que a postura contrária aos ecletismos "justificava inclusive a proposta de demolições, como a formulada pelo próprio doutor Lúcio Costa em relação à 'almanjorra de concreto, coroada por uma cúpula, situada entre o cais e a esplanada do Castelo, pertencente ao Ministério da Agricultura e que já nasceu bastarda para a Exposição de 1922' (Proc. 982-T-78). Lúcio Costa classificou esse prédio como 'vilão arquitetônico', e ele foi efetivamente destruído. O mesmo destino teve o Palácio Monroe, incluído no processo da Avenida Rio Branco, e cuja demolição foi objeto de protestos na imprensa"(1997, p. 221).

[129] Cf. BARATA. *Anais do IV Congresso Brasileiro de História da Arte*, 1991. p. 109.

[130] Cf. BORGES. *Locus*, p. 117, v.5, n.2, 1999.

à sua dimensão utilitária teria sido o fator de maior peso nas decisões eclesiásticas, dada a incongruência entre a liturgia renovada e a arquitetura religiosa tradicional.

Ao caráter restritivo dos critérios do SPHAN (que valorizava apenas templos representativos de certos estilos) e ao anseio por reformas (e, no limite, demolições) geralmente existente em boa parte dos párocos se somariam ainda as dificuldades da própria cúpula da Igreja católica em promover uma política bem orientada e coesa de preservação dos seus bens, já que tudo dependia, em última instância, da avaliação dos sacerdotes locais, responsáveis mais diretos pelo patrimônio eclesiástico das paróquias.

Essas dificuldades aparecem nas páginas da revista *Habitat*, por exemplo, quando José Geraldo Vieira surpreende-se com as obras de restauração da Igreja do Rosário, na cidade paulista de Embu. Naqueles trabalhos ficava evidente a tendência modernizadora dos membros da Igreja que buscavam, à revelia das recomendações das autoridades do SPHAN, efetuar mudanças substanciais na concepção original do edifício:

> A averiguação era paradoxal. Uma entidade de responsabilidade nacional, mas laica, zelava pela atmosfera religiosa histórica, arquitetônica e artística de um convento e de uma igreja; mas uma eventual administração religiosa, de esfera interna, não entrava em sinergia com esse programa imanente. [...] Como duas redomas, a autoridade doméstica, intra muros, e a autoridade artística, nacional, formam duas atmosferas. [...] Das duas redomas, a que preserva a integridade do museu e da igreja do Embú é a que o Serviço do Patrimônio Artístico e Histórico lhe aplicou com escrúpulo para proteger como jóia [...].[131]

Nesse sentido, em 1958, Monsenhor Guilherme Schubert se dirige aos fiéis, nas páginas da *Revista Eclesiástica Brasileira*, apelando para que estes se conformassem com eventuais intervenções nos edifícios religiosos, desde que feitas "por pessoas competentes após acurado estudo". Afinal, "a igreja não é um museu, mas um organismo vivo. Isso vale para a igreja espiritual como para os templos sagrados".[132] Afirma, ainda:

---

[131] VIEIRA. *Habitat*, p. 5, dez. 1955.

[132] SCHUBERT. *REB*, p. 733, set. 1958.

> Onde a construção primitiva é de valor artístico, só se pode tratar de conservar, ou, caso for necessário, de voltar ao antigo. Há, porém, casos onde é necessário, ou pelo menos útil, a reforma, o melhoramento. Muitas igrejas construídas apressadamente, ou com deficiência de recursos, ou *em épocas artisticamente infelizes, como cerca de 1900*, estão sendo reformadas em toda parte do mundo[133] (grifo nosso).

Em 1966, num documento aprovado pela Assembleia Geral da Conferência Nacional dos Bispos do Brasil (CNBB), denominado "Notas de Arte Sacra", a Igreja católica (apesar de reconhecer a importância de as novas construções religiosas seguirem as instruções litúrgicas renovadas) ressalta que as adaptações dos edifícios sacros já existentes deveriam ser feitas com o maior zelo possível. Para tanto, elege como critério "o respeito que se deve às normas dos órgãos civis prepostos à defesa do patrimônio artístico e histórico de cada país". Apela, por fim, para que haja "um sábio entrosamento com os serviços oficiais que atuam neste campo".[134]

Poucos anos depois, no entanto, as páginas da *Revista Eclesiástica Brasileira*, em sua edição de setembro de 1971, apresentavam uma ruptura com os princípios até então adotados, destacando a preocupação da Igreja em "coibir abusos que se faziam cada vez mais freqüentes". Por meio de uma Carta Circular, buscava-se estabelecer critérios norteadores para garantir a correção do procedimento dos párocos quanto ao cuidado com o patrimônio artístico dos templos católicos:

> [...] mesmo no presente, os Pastores de Almas, embora estejam empenhados em numerosos encargos, devem-se interessar com solicitude pelos edifícios e objetos sagrados, não só porque representam um testemunho insigne da piedade do povo, mas também pelo seu valor histórico e artístico.
>
> Os fiéis, porém, mostram-se preocupados por verem, hoje mais do que no passado, tantas alienações indevidas, furtos, usurpações e destruições do patrimônio histórico-artístico da Igreja.
>
> Muitas pessoas, aliás, esquecidas das admoestações e das disposições dadas pela Santa Sé, com o pretexto de executar a reforma litúrgica,

---

[133] SCHUBERT. *REB*, p. 731, set. 1958.
[134] COMUNICAÇÕES... *REB*, p. 112, mar. 1966.

executaram transformações impróprias nos lugares sagrados, estragando e destruindo obras de valor incalculável.[135]

No documento, recomenda-se a conservação das obras antigas de arte sacra, a cautela nas modificações dos lugares sagrados em virtude da reforma litúrgica (que deveriam ser feitas, por sua vez, sempre com a supervisão das comissões de arte sacra), bem como a realização de inventário dos edifícios e objetos sagrados.

Ressaltamos aqui a mudança de atitude das autoridades eclesiásticas em relação aos seus edifícios: não apenas o valor artístico deveria ser adotado como critério para aquelas tarefas, mas também o valor histórico dos templos. Ou seja, a própria Igreja tratou de promover a modificação do seu olhar sobre as edificações sagradas. Buscou acentuar a importância da preservação daqueles edifícios que, mesmo não apresentando valor artístico segundo os critérios vigentes, carregavam consigo inegável valor histórico para aquelas comunidades que nasceram e cresceram em seus arredores.

Como vimos, casos radicalmente opostos ocorreram seguidamente nos anos anteriores. Valorizou-se, naquelas oportunidades, a capacidade dos templos católicos em expressar sua consonância com a época compartilhada pelos homens de então, classificando a atitude dos defensores do antigo como simples exaltação do atraso. Igrejas de estilo moderno se espalharam por todo o Brasil, muitas vezes edificadas em locais outrora ocupados por igrejas antigas, demolidas depois de grande controvérsia local.

Essa guinada no trato do patrimônio eclesiástico, a partir dos primeiros anos da década de 1970, teria sido um simples reflexo do novo momento político brasileiro, da empatia entre o regime militar e os setores católicos mais tradicionalistas? Certamente não. Afinal, modificações nas políticas públicas de preservação no Brasil também estavam em curso. Segundo Maria Cecília Londres Fonseca, a partir de 1965 a atuação do SPHAN buscaria adotar uma perspectiva mais conciliadora, aproximando-se das diretrizes da United Nations Educational, Scientific and Cultural Organization (UNESCO). A ênfase passou

---

[135] NORMAS... *REB*, p. 711, set. 1971.

a ser a negociação, baseada principalmente na tentativa de persuadir os opositores quanto à possibilidade de exploração econômica – via turismo – dos bens tombados. Nesse sentido, "a imagem do SPHAN como protagonista de batalhas memoráveis em defesa do interesse público relativamente ao patrimônio, contra proprietários e setores insensíveis da Igreja e do poder público, foi substituída".[136] Paralelamente, para alguns arquitetos do SPHAN, como Dora Alcântara e Paulo Santos, a partir dos anos 1970, "certos traços estilísticos como o ornamento autônomo, a dissimulação de materiais, e a alusão a estilos pretéritos, que caracterizam o ecletismo deixaram de ser interpretados como negativos".[137] Ao contrário de Lúcio Costa, esses arquitetos não consideravam o ecletismo como um hiato na história da arte, algo que teria se evidenciado nas polêmicas suscitadas por ocasião do processo de tombamento do conjunto de prédios da Avenida Rio Branco, no Rio de Janeiro.

Por outro lado, as propostas da arquitetura moderna despertavam principalmente o interesse dos grupos católicos mais progressistas, ligados à Ação Católica, que sofreram forte desestruturação com o endurecimento da repressão política. Se o sonho de modernização nacional continuou durante todo o regime militar, que buscou produzir diversos símbolos de modernidade em projetos gigantescos como a Rodovia Transamazônica, a Usina Nuclear de Angra dos Reis, a Ponte Rio-Niterói, etc., o fato é que a nova conjuntura política favoreceu a ascensão de alas conservadoras da Igreja, dedicadas em sua maioria ao culto a Maria e em perfeita consonância com os princípios litúrgicos aplicados na construção e decoração dos mais antigos templos católicos.

Mais uma vez prevaleceria, portanto, a necessidade de os edifícios sagrados refletirem a época compartilhada pelos fiéis, e a "febre modernista" dos templos católicos acabou dando lugar à valorização

---

[136] FONSECA. *O patrimônio em processo: trajetória da política federal de preservação no Brasil*, 1997. p. 160.

[137] FONSECA. *O patrimônio em processo: trajetória da política federal de preservação no Brasil*, 1997. p. 223.

do passado ou, quando muito, a uma arquitetura contemporânea bastante "comportada".

Enfim, tudo leva a crer que pelo menos entre os anos 1940 e 1960 houve uma tentativa de aproximação entre arquitetos modernistas e membros da Igreja católica não apenas no que se refere ao estilo desejável para os novos templos, mas também sobre o possível destino daquelas igrejas que supostamente não teriam valor artístico, ou seja, cujo estilo se afastasse do barroco. A preponderância do critério artístico nas avaliações e nos tombamentos do SPHAN, aliada à desvalorização dos estilos "neo" e do ecletismo em geral (considerados incapazes de expressar os autênticos valores nacionais, pelas autoridades civis, e de testemunhar a atualidade da Igreja católica no mundo moderno, pelas autoridades eclesiásticas), não encontrava a resistência dos párocos locais como impedimento às reformas e às demolições, uma vez que estes se viam no mais das vezes insatisfeitos com a funcionalidade dos antigos templos e ansiosos por pelo menos adaptá-los à liturgia renovada. Provavelmente apenas a resistência organizada dos fiéis teria sido capaz de evitar a destruição das antigas igrejas, algo que na maior parte das vezes não teria ocorrido.

Parece evidente que apenas por meio da análise de casos particulares seríamos capazes de identificar como cada um dos fatores mencionados na primeira parte deste trabalho teriam se combinado para legitimar – em nome do "moderno" – as inúmeras demolições ocorridas no Brasil entre as décadas de 1940 e 1960. E é nesse sentido que ora propomos estudar o caso de Ferros, importante não apenas por sua repercussão nacional, à época, mas também por ter mobilizado figuras altamente envolvidas no debate sobre o Movimento Litúrgico, sobre a arquitetura moderna e também acerca das políticas de preservação do patrimônio histórico e artístico no país.

Figuras 1-9 – Projetos inspirados na Igreja de São Francisco de Assis, de Oscar Niemeyer, publicados nas revistas brasileiras de arquitetura entre 1946 e 1956.

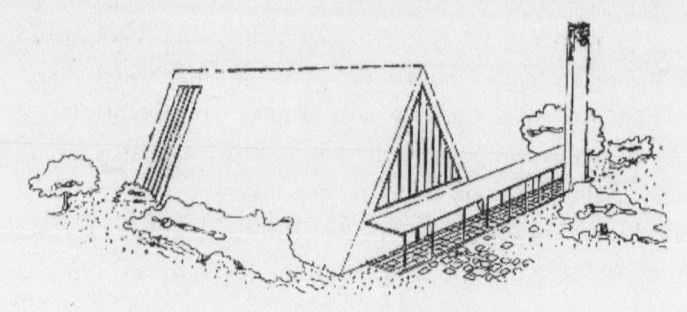

Figura 1 – UMA IGREJA; projeto de Cláudio Jorge Gomes Souza (1946). *Arquitetura, Engenharia, Belas Artes*, Belo Horizonte, v. 1, n. 2, p. 44, 1946.

Figura 2 – UMA IGREJA; projeto de Alfeu Martini (1946). *Arquitetura, Engenharia, Belas Artes*, Belo Horizonte, v. 1, n. 2, p. 52, 1946.

Figura 3 – CAPELA de N. S. das Graças, Bico de Pedra, Ouro Preto; projeto de Eduardo Mendes Guimarães, arq. *Arquitetura, Engenharia, Belas Artes*, Belo Horizonte, v. 2, n. 10, p. 20, 1947.

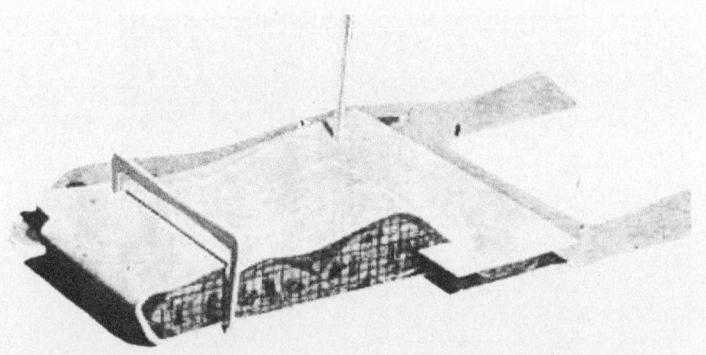

Figura 4 - IGREJA católica; projeto de M.M.M. Roberto, arqs.
Arquitetura e Engenharia, Belo Horizonte, n. 26, p. 8, maio/jun. 1953.

Figura 5 - IGREJA de Punta Ballena, Uruguai; projeto de Luiz Garcia Pardo, arq.
Habitat, São Paulo, n. 17, p. 20, jul./ago. 1954.

Figura 6 - IGREJA em Grumarim; projeto de Ronaldo
Belo Horizonte, n. 33, p. 14-5, out./dez. 1954.

Figura 7 – CAPELA Nossa Senhora das Vitórias; projeto de Paraizo de Jesus, Carlos Valente, J. Ricardo de Abreu e Leonardo Fialho. *Arquitetura e Engenharia*, Belo Horizonte, n. 33, p. 16, out./dez. 1954.

Figura 8 – UMA CAPELA no Rio de Janeiro; projeto de Paulo Hamilton Case, arq. *Habitat*, São Paulo, n. 27, p. 37-9, fev. 1956.

Figura 9 – CAPELA de São João Batista, da Ordem de Malta, São Paulo; projeto de Kurt Hollander, arq. *Habitat*, São Paulo, n. 37, p. 74-5, dez. 1956.

Figuras 10-15 – Alguns projetos publicados nas revistas brasileiras de arquitetura entre 1954 e 1963 que revelam a tendência (criticada por setores da Igreja) de os edifícios religiosos se aproximarem dos edifícios profanos quanto à forma.

Figura 10 - IGREJA Nossa Senhora do Rosário; projeto de Luiz Contrucci, arq. *Acrópole*, São Paulo, n. 194, p. 5-7, nov. 1954.

Figura 11 - CAPELA de São Domingos; projeto de Antônio Carlos Ekman Simões, arq. *Habitat*, São Paulo, n. 19, p. 7-9, nov./dez. 1954.

Figura 12 - ARQUITETURA e urbanismo na Usina Salto Grande – Capela; projeto de Ícaro de Castro Mello e Zenon Lotufo. *Habitat*, São Paulo, n. 40/1, p. 30-43, mar./abr. 1957.

Figura 13 - CAPELA para o Jardim Virginia, em Guarujá, Est. de São Paulo; projeto de Eduardo Rosso, Rodolfo Almeida Fernandes e Yoshimasa Kimachi, arqs. *Habitat*, São Paulo, n. 40/1, p. 44-5, mar./abr. 1957.

Figura 14 - CAPELA rural; projeto de José Luiz Fleury de Oliveira, arq. *Acrópole*, São Paulo, n. 243, p. 98-9, jan. 1959.

Figura 15 - CAPELA para Senador Câmara; projeto de Jorge Jabour Mauad, arq. *Habitat*, São Paulo, n.72, p. 50, jun. 1963.

Figura 16 - "Burj Khalifa", localizado em Dubai (Emirados Árabes): seus 828 metros de altura garantem-lhe, por enquanto, o título de edifício mais alto já construído. Entre os 100 edifícios mais altos do mundo, diversos encontram-se em cidades tomadas pelo espírito da "modernização como aventura", tais como: Taipei (Taiwan); Xangai, Hong Kong, Nanjing, Shenzhen, Guangzhou, Chongqing e Nanning (China); Kuala Lumpur (Malásia); Bangkok (Tailândia); Pyongyang (Coréia do Norte); Riade (Arábia Saudita); Doha (Qatar); Cidade do Kwait (Kwait); Singapura; Moscou (Rússia); Seul (Coréia do Sul). Fonte: World's tallest buildings. Infoplease. Disponível em: <http://www.infoplease.com/ipa/A0001338.html>. Acesso em: 12 abr. 2011.

Figuras 17-24 – Algumas igrejas modernistas construídas a partir da demolição de antigos templos católicos entre as décadas de 1940 e 1960.

Figura 17 - Cataguases-MG, Igreja Matriz de Santa Rita, 1944.

Figura 18 - Igreja Matriz de São Paulo Apóstolo, Blumenau-SC, 1953.

Figura 19 - Maringá-PR, Catedral Basílica Menor de Nossa Senhora da Glória, 1958.

94   Templos modernos, templos ao chão

Figura 20 - Ferros-MG, Igreja Matriz de Santana, 1961.

Figura 21 - Carmo do Rio Claro-MG, Igreja Matriz de N. S. do Carmo, 1961.

Figura 22 - Bragança Paulista-SP, Catedral N. S. da Conceição, 1965.

Figura 23 - Piranga-MG, Igreja Matriz
de N. S. da Conceição, 1966.

Foto: Arquivo Público Mineiro

Figura 24 - Lagoa Santa-MG, Santuário
N. S. da Saúde, 1968.

Tabela 1 - Levantamento dos projetos de igrejas modernistas nas principais revistas brasileiras de arquitetura

1940-45	Igreja de S. Francisco de Assis (Pampulha) - arq. Oscar Niemeyer (AE)
1946-50	Uma Igreja - arq. Cláudio Jorge Gomes (AEBA)
	Uma Igreja - arq. Alfeu Martini (AEBA)
	Capela de N. S. das Graças, Ouro Preto - arq. Eduardo Mendes Guimarães (AEBA)
1951-55	Santuário de São Judas Tadeu (Itatiaia) - arq. Helmuth Braunschweiger (H)
	Igreja na Rod. Presidente Dutra (entre Guaratinguetá e Lorena) - arq. Abelardo de Souza (H)
	Igreja Nossa Senhora Aparecida (Campinas) - arq. Ícaro de Castro Mello (H)
	Igreja no Rio de Janeiro - arq. M.M.M. Roberto arqs. (AE)
	Santuário de São Judas Tadeu (Distrito Federal) - arq. Ângelo A. Murgel e Ulisses P. Burlamaqui (AE)
	Capela em Itajaí, SC - arq. Marcos Konder Netto (AE)
	Igreja em Grumarim - arq. M.M.M. Roberto arqs. (AE)
	Igreja Nossa Senhora das Vitórias (Rio de Janeiro) - arq. Paraizo de Jesus, Carlos Valente, J. Ricardo de Abreu e Leonardo Fialho (AE)
	Igreja de São Domingos (São Paulo) - arq. Sérgio W. Bernardes (AE)
	Capela filial (Recife) - arq. Arthur Lício M. Pontual (AE)
1956-60	Capela no Rio de Janeiro - arq. Paulo Hamilton Case (H)
	Santuário de São Judas Tadeu (Rio de Janeiro) - arq. Sérgio Wladimir Bernardes (H)
	Capela de São João Batista da Ordem de Malta (São Paulo) - arq. Kurt Hollander (H)
	Catedral de Brasília - arq. Oscar Niemeyer (H) (A)
	Santuário (Curitiba) - arq. Teodoro Rosso (A)
	Igreja Matriz de Blumenau - arq. Dominicus e Gottfried Böhum (A)
	Capela presidencial (Brasília) - arq. Oscar Niemeyer (A)
	Capela de Nossa Senhora de Fátima (Brasília) - arq. Oscar Niemeyer (A)
	Capela em Belo Horizonte - arq. Gilso de Paula (A)
	Igreja Nossa Senhora do Rosário (Passos, MG) - arq. Daude Jabbur (AE)
	Capela em Montes Claros - arq. Geraldo Mércio Guimarães (AE)
1961-65	Capela em Presidente Venceslau - arq. Abelardo de Souza (H)
	Capela no bairro Partenon (Porto Alegre) - arq. Simão Goldman (A)
	Igreja de São Benedito (Bauru) - arq. Fernando Ferreira de Pinho (A)
	Capela em Jundiaí - arq. Carlos Funes (A)
	Igreja em São Caetano - arq. Carlos B. Millan (A)
	Igreja do Parque em Vila Nova Aldeota, Fortaleza - arq. Rachel Esther Prochnick (ARQ)
1966-70	Capela na Cidade Universitária (Butantã, SP) - arq. João Roberto Leme Simões (A)
	Catedral de Bragança Paulista - arq. Antônio Carlos Faria Pedrosa (A)
	Capela em Itapeva, SP - arq. José Carlos Cassab e José Luiz Attilio Raccah (A)

Legenda: *A - Acrópole; H - Habitat; AE - Arquitetura e Engenharia; ARQ - Arquitetura; AEBA - Arquitetura, Engenharia e Belas Artes*

PARTE II

A moderna Matriz de Ferros: "palácio na moda" para Sant'Ana

> *Se me cresse supersticioso, diria que o velho templo de Santana imprecasse aos ares, num desabafo patético, agouro terrível, ao bater dos aríetes nas paredes antigas que desabavam à dança vandálica da demolição. Muita gente vi, com ares medrosos, olhando com sentimento de culpa, a poeira secular que levantava do corpo velho da igreja antiga. A cidade parecia assistir a um sacrilégio coletivo. Os antigos do lugar obsecravam à época tamanha loucura, botando juras à fé que, jamais, pisariam a praça sacrílega.*[138]

Aqueles que assistiam à tão inusitada cena mal conseguiam organizar suas ideias. Um arrepio tomava conta de todo o corpo, e o frio na barriga era inevitável. Enquanto alguns apenas se mantinham inertes, boquiabertos – a respiração quase suspensa –, outros buscavam retomar os sentidos, num esforço quase sobre-humano para trazer à mente os inúmeros argumentos racionais até então utilizados para justificar tamanha ousadia. Já completamente destelhada, ferida em sua dignidade, a Igreja Matriz de Sant'Ana começava agora a ser irreversivelmente destruída.

Poucos puderam lembrar-se de que, alguns dias atrás, o principal responsável por aquele velho e maltrapilho templo, Padre José

---

[138] E AGORA... *Ferros*, p. 4, jan./fev. 1962.

Casimiro, convencera a maioria dos fiéis sobre a pertinência de lançá-lo ao chão. A maior parte dos ferrenses conseguiu apenas se perder num emaranhado de lembranças, que se multiplicavam a cada golpe desferido contra aquelas paredes já quase completamente desnudadas pela marcha inexorável do tempo.

As missas quase intermináveis assistidas contra a vontade – é claro – ao lado dos pais, enquanto o sol forte ardia lá fora e as águas do Rio Santo Antônio desfilavam convidativas, bem ao lado; a cerimônia de batismo dos irmãos, seguidas das tão esperadas festas; as aulas de catecismo e a primeira comunhão; os conselhos do pároco e os inúmeros pedidos à padroeira; o forte aroma do incenso; os casamentos; as incontáveis procissões da Semana Santa; as inúmeras festas de Sant'Ana e do Rosário. A quermesse, as barraquinhas e a diversão.

Refúgio perfeito nos momentos mais difíceis da vida, referência central no mapa afetivo da cidade, quase tudo acontecia defronte à velha Matriz. O desafio aos meninos do outro lado do rio – eternos rivais –, os namoricos da adolescência, as serenatas e o desfrutar agradável do fim de tarde entre amigos, sentados à sombra agradável das árvores que protegiam os bancos dispostos em volta do coreto.

O mês de junho de 1961 jamais seria esquecido. O sentimento acolhedor despertado durante toda a vida por aquela paisagem bucólica agora se convertia, inevitavelmente, em um profundo remorso. Será que o estado de preservação da Matriz estava mesmo tão precário como se havia dito repetidamente até aquele dia? Destronada de seu nicho, Sant'Ana estaria a chorar pela ingratidão do seu povo? Qual seria o julgamento divino perante aquilo tudo?

> O velho templo olhou a alegre praça e deixou cair das torres gastas um lamento à tarde.
>
> Doía à velha igreja carregar aquelas torres enormes.
>
> Perdera o vigor antigo, o venerando templo.
>
> O corpo, outrora soberbo, arqueava sem graça. Os pés, já cansados de pisar a velha praça, sangravam tempo e exaustão. [...] Do peito, afogueando imenso amor, as sombras escutavam soluçar o velho templo.
>
> Queixume crepuscular, longo e dorido, às sombras amigas que vestiam a noite.

> Por que choras, velha igreja?
>
> [...] Teu pranto entristece as amplidões, rouba aos astros o cantar do infinito.
>
> E o velho templo, deixando ao rosto escorrer a derradeira lágrima, queixou-se:
>
> – "Eu choro o meu crepúsculo.
>
> Choro os meus filhos tão amados, tão ingratos.
>
> Cantam à minha agonia.
>
> Bebem à minha tarde.
>
> Dançam à minha morte.
>
> E lhes trouxe a paz, e lhes trouxe Deus.
>
> E lhes dei, inteiro, todo meu fogo, purificando-lhes as almas. Não tenho, à minha derradeira hora, gratidão de filhos.
>
> Lá está a minha cidade, filha ingrata, lá está a minha praça, companheira infiel, lá estão meus filhos, preparando-me a grelha do suplício."
>
> E o velho templo, olhando a praça alegre, deixou cair das torres gastas um lamento à tarde. [...].[139]

Quem foi capaz de sublimar a angústia e acompanhar passo a passo o processo de demolição surpreendeu-se perante a resistência daquele edifício, aparentemente tão frágil. Não foi uma empreitada tranquila para o Mestre Zinho Carpinteiro, responsável por remover a antiga construção da praça. Assentada numa estrutura invejável, a igreja parecia teimosa ao demonstrar sua vitalidade, como se escarnecesse da insegurança visível naqueles que outrora a condenaram de estar prestes a ruir.

> Logo começaram a aparecer longarinas de madeira de lei de até quinze metros de comprimento da mais negra braúna, caprichosamente lavradas a bom machado e cujo alinhamento perfeito ainda guardava restos da linha branca de cal, nítida e profissional. Os encaixes e emendas dessas bonitas peças eram lições de formão, de serrote, de enxó, de plaina, de grosa, de martelo, graminho e quê mais do instrumental manual de carpintaria colonial. Arte pura, escondida sob o reboco de bosta de boi ou nos grandes vãos dos sótãos indevassados. A beleza absconsa dessas entranhas desafia a

---

[139] SEM COMPROMISSO. *Ferros*, p. 2, mar. 1961.

imaginação no desvendar o motivo de tanto esmero de acabamento e de trabalho sutil do madeiro dócil do cedro e do vinhático ou na resistência da braúna e dos ipês. Teria o artífice a intenção de surpreender e admoestar a quem ousasse violar essa intimidade, na linguagem esotérica do segredo da arte?[140]

A trajetória da velha Matriz de Sant'Ana havia seguido os passos da maioria dos templos do interior mineiro, passando por reformas e ampliações até tomar a sua forma final. Longe, portanto, de corresponder a padrões estéticos e artísticos definidos, foram as condições mais objetivas (referentes aos materiais e à mão de obra disponíveis, bem como ao caráter utilitário do "edifício") que acabaram forjando os caracteres gerais de sua arquitetura, tipicamente colonial. O desgaste natural do edifício e o aumento do número de fiéis levavam, de quando em quando, a modificações em sua composição.

Aceita-se, contudo, que sua origem esteja ligada a um dos fundadores da cidade, Pedro da Silva Chaves, que na segunda metade do século XVIII teria construído, ali, uma pequena capela em homenagem à Sant'Ana. Vulmar Coelho afirma, em seu estudo histórico sobre a cidade de Ferros, que

> Dos livros de assentamento da antiga freguesia do Morro, consta que "em 9 de Janeiro de 1820, em Santa Anna dos Ferros, foi celebrado um casamento pelo padre Caetano de Gouvêa, vigário colado da Freguezia do Morro, a que Ferros já estava incorporado. Em 1821 o coadjutor do vigário de Morro, padre José de Amorim Pereira, "baptizou a Januario, filho legítimo de Manoel e Marcelina, escravos do Alferes Manoel da Costa Lage, na Capella filial de Ferros". Vários assentamentos revelam que outras práticas religiosas foram realizadas na Capella de Sant'Anna [...]. De 1827 a 1831 oficiaram na Capela de Ferros os padres João José Dias de Camargos e Felix de Amorim Costa. De 1831 em diante nada consta dos livros existentes na Matriz do Morro, sobre a capela de Ferros [...].[141]

Segundo o Cônego Raimundo Trindade, "a capela curada de Santa Ana dos Ferros, até então sujeita à Matriz de Nossa Senhora

---

[140] GONÇALVES. *Manuscrito,* s/d. p. 10.

[141] COELHO. *Ferros, uma cidade perdida no sertão,* 1939. p. 21-2.

do Pilar do Morro de Gaspar Soares, pelo decreto de 14 de julho de 1832 foi elevada a Igreja Paroquial e Freguesia".[142] No ano de 1854, em um relatório provincial, já se dava notícias de que a Matriz necessitava de reparos para os quais havia arrecadado apenas 1/5 dos recursos necessários, que possuía alguma prata de seu uso, mas precisava de ornamentos.[143]

Relatórios provinciais do ano de 1872 e 1874 dão conta da destinação de verbas que chegaram a 800$000 réis para obras na Matriz de Sant'Ana dos Ferros.[144] De acordo com José Maria Quintão, a partir da chegada dos missionários Pe. Miguel Maria Sipolis e Pedro Ross, em 1868, a capela foi praticamente reconstruída e bastante ampliada. O autor afirma que

> Quem conheceu a matriz sabe que, ligada a ela, existia no fundo, do lado direito com frente para o norte, em estilo de capela, em sentido transverso, uma construção que serviu de depósito para o carboreto da iluminação, sendo ela talvez a primitiva. Isso deve ter influído para que ela não fosse demolida, sacrificando-se a estética da obra.[145]

Na disposição interna da igreja, o imponente retábulo por detrás do altar-mor chamava de pronto a atenção. Colocado entre dois conjuntos arqueados de colunas brancas de madeira, riscadas em dourado e levemente talhadas, o retábulo abrigava ao fundo a imagem de Sant'Ana,

---

[142] TRINDADE. *Instituições de igrejas no bispado de Mariana*, 1945. p. 264-5.

[143] RELATÓRIO que à Assembleia Legislativa Provincial de Minas Gerais apresentou na Sessão Ordinária de 1854 o Presidente da Província Francisco Diogo Pereira de Vasconcelos (APM – Estado das Capelas, Matrizes e Ermidas e auxílio recebido dos cofres públicos).

[144] RELATÓRIO que apresentou ao vice-presidente da Província de Minas Gerais o Dr. Francisco Leite da Costa Belém, por ocasião de lhe passar a administração em 20 de abril de 1872 o Dr. Joaquim Pires Machado Portela presidente da Província. p. 86 a 94. (APM – Auxílio para Matrizes). RELATÓRIO do Dr. Joaquim Floriano de Godoy para o Dr. Francisco Leite da Costa Belém, 2º vice-presidente da Província em 1872. Apensos nº 14, p. 2 a 6. (APM – Orçamento para obras, despesas nas matrizes e capelas). RELATÓRIO que à Assembleia Legislativa Provincial de Minas Gerais apresentou no Ato da Abertura da Sessão Ordinária de 1874, o vice-presidente Francisco Leite da Costa Belém. Pág. 57, 58 e 59. (APM – Auxílio para Matrizes).

[145] QUINTÃO. *Aquibadam, ponte e vau (no ontem e no hoje de Ferros)*, 1985. p. 46-7.

numa composição estética característica de um "rococó tardio", bastante despojado, já acompanhado de alguns elementos de transição para o neoclássico. A talha, característica das décadas de 30 e 40 do século XIX, era bastante difundida nas demais igrejas da região, resultado de um trabalho quase exclusivamente de carpintaria que exigia, por sua vez, uma mão de obra mais simples. Púlpitos laterais, elevados e protegidos por bancadas também caprichosamente riscadas em ouro prolongavam-se até o encontro com o grande arco que demarcava – com o auxílio de um pequeno anteparo de madeira – a divisão entre o coro e a nave principal. Em seguida, destacavam-se mais dois altares e retábulos laterais, que abrigavam por sua vez diversas imagens, algumas delas trazidas do Caraça pelos missionários lazaristas em fins do século XIX. Estima-se que a velha Matriz abrigava, no total, um conjunto de pelo menos 40 peças esculpidas em madeira, tidas como o grande patrimônio artístico da cidade.

Para muitos, foi incrível a sensação de perda. Recebida como uma mutilação no próprio corpo, a demolição da Igreja Matriz de Sant'Ana dos Ferros causou profundo desgosto principalmente nos mais antigos do local. Esses espalharam aos quatro ventos que uma terrível praga arrebataria a cidade, assim que se iniciasse a profanação do templo. Para agravar o quadro de desolação e amargura desses fiéis, os restos mortais do velho cemitério – localizado bem próximo à Matriz – também seriam transferidos, numa atitude imperdoável para com os seus antepassados.

Diante do caráter irreversível da empreitada, praticamente concluída, a melhor saída foi a resignação, num esforço amparado apenas pela confiança quase irrestrita depositada pelos ferrenses em seu pároco, Padre José Casimiro.

Padre José Casimiro e a decisão pela nova Matriz

Desde que assumira a Paróquia de Ferros, em novembro de 1959, o Padre parecia não fazer outra coisa senão demonstrar sua vitalidade e seu espírito empreendedor, ancorados na juventude dos seus 31 anos e no entusiasmo de quem nunca tinha recebido tamanha responsabilidade. Algo refletido nas páginas do livro de tombo da Matriz de Sant'Ana:

> Nos primeiros dias notei que os paroquianos eram um pouco afastados do pastor. O pároco era isolado, alvo de olhares interrogativos. Dificilmente se ouvia uma saudação franca e amiga.
>
> Tomei a resolução de visitar todas as casas da cidade. Avisei, na igreja, o que iria fazer. Não queria que a visita fosse motivo de preocupação para ninguém, por este motivo não marquei o dia do início. Não marquei o local do primeiro encontro.
>
> Cada dia eu procurava uma parte da cidade. Sem que ninguém esperasse, eu chegava, não me demorava, ia avante.
>
> Em 15 dias visitei a cidade de ponta a ponta.
>
> A visita surtiu bom efeito. O povo tornou-se mais amigo.[146]

A atitude inicialmente fria da cidade em relação ao novo sacerdote foi aos poucos se transformando. José Casimiro acabou por conquistar a simpatia e a admiração de quase todos, principalmente os mais jovens do local. Com esses, em especial, conseguiu construir um elo de profundo respeito quando defendeu, entre outras inovações no município, a instalação de uma antena de televisão, empenhando-se pessoalmente na empreitada até que o sinal da TV Itacolomi pudesse superar as montanhas e chegar de Belo Horizonte aos lares dos ferrenses mais abastados.

Desde o início, contudo, o estado precário de conservação da Igreja Matriz tinha sido a principal preocupação do sacerdote. Imediatamente após a sua chegada, já no início de 1960, José Casimiro enviara uma carta ao arcebispo de Mariana, D. Oscar de Oliveira, expondo sua intenção de construir um novo templo na cidade. Expôs seu desejo também aos fiéis, tendo sido muito bem compreendido por todos. Em 26 de julho daquele ano, na festa da Padroeira Sant'Ana, já se iniciava a arrecadação do dinheiro necessário ao empreendimento, através de leilões e esmolas.

Padre José recebeu, como resposta de D. Oscar, uma orientação geral do projeto da nova igreja e a indicação para que procurasse o auxílio de dois sacerdotes nascidos em Ferros, responsáveis pelas paróquias da Floresta e do Calafate, em Belo Horizonte: os irmãos Francisco e James Lage Pessoa. Esses teriam, na visão de D. Oscar, grande interesse

---

[146] LIVRO... p. 124-verso.

em ajudar Padre José na sua tarefa, inclusive na indicação de um arquiteto para projetar a nova Matriz de Sant'Ana. E, de fato, Padre José já conhecia Francisco Lage desde os tempos de Seminário em Mariana, quando fora seu aluno, e vinha contando com as orientações daquele pároco mais experiente desde que assumira o sacerdócio em Ferros.

Até aquele momento, o nível de cooperação e harmonia alcançado na cidade era bastante satisfatório, praticamente não havendo resistências às intenções do pároco. Tal fato encontra-se bem retratado numa carta de agradecimento enviada por ferrenses à arquidiocese de Mariana, por conta da indicação de Pe. José Casimiro para assumir aquela paróquia:

> Segundo missiva enviada à nossa Redação os fiéis de Ferros manifestaram o mui justo anelo de através de O ARQUIDIOCESANO apresentarem ao seu estimado Pároco Pe. José Casimiro da Silva seus "sentimentos de gratidão, mostrando os grandes benefícios que tão admiravelmente tem proporcionado a essa cidade".
>
> Isto não lhes passa desapercebido e agradecem a Deus estas graças que lhes têm advindo por meio deste sacerdote. Toda a população está empenhada em auxiliar o seu Pastor na construção da MATRIZ DE SANT'ANA. A planta está sendo elaborada, mas já possuem um excelente salão paroquial, onde se reúnem durante o dia as crianças e à noite os rapazes e aí têm diversão sadia e ao mesmo tempo vão recebendo formação das mais sólidas. Uma mui selecionada biblioteca ostenta o bom gosto da juventude de Ferros. Para júbilo da cidade e graças ao empenho e dedicação do Sr. Pároco dois benefícios advieram à população: a reabertura do cinema local, onde filmes bem escolhidos são levados à tela, constituindo aos domingos recompensa às crianças mais assíduas ao catecismo, e também a Televisão que é hoje grata realidade na formosa cidade de Ferros. – Servindo-se ainda de O ARQUIDIOCESANO os Fiéis de Ferros cumprimentam ao Sr. Pe. José Cassimiro pela passagem do aniversário de sua Ordenação Sacerdotal no dia 2 p.p., augurando-lhe prossiga rutilante sua trajetória nas veredas do sacerdócio.[147]

Todavia, a forte inclinação da personalidade de Padre Lage para atrair polêmica logo iria se aliar ao espírito empreendedor de Padre José, sacudindo aquela pequena localidade como jamais havia acontecido...

---

[147] CRÔNICA... *O Arquidiocesano*, p. 3, 18 dez. 1960.

Padre Lage, a Ação Católica e o Movimento Litúrgico

Francisco Lage Pessoa, ou simplesmente Padre Lage, já era naquele tempo figura largamente reconhecida nos meios políticos da capital mineira. Apesar de não ter ingressado, até então, no jogo partidário, ganhou evidência por seu engajamento na defesa das populações carentes de Belo Horizonte e do interior de Minas. Assumiu com fervor os princípios da Ação Católica, movimento que consistia para ele, fundamentalmente, em "mística de renovação da sociedade civil com novos postulados que procuravam vivificar a democracia formal, herança do velho liberalismo do Ocidente".[148]

Colocado na Paróquia de S. Vicente de Paulo (bairro da Gameleira) entre 1948 e 1953, Padre Lage se envolveu na luta dos moradores da Vila dos Marmiteiros contra especuladores imobiliários interessados em despejo coletivo. Seu trabalho com os favelados ajudou a criar a Associação de Defesa Coletiva e inspirou a organização posterior de diversas associações semelhantes em outras favelas e da Federação de Trabalhadores Favelados. Assumiu, também, o cargo de assistente da Juventude Operária Católica (JOC) do Estado de Minas Gerais. Sua ação tornava-se, àquela época, tão "inconveniente" que ele acabou sendo afastado de Belo Horizonte a pedido de Juscelino Kubitschek. Padre Lage destaca em suas memórias que, na visão daquele governador, fazia "o jogo do comunismo".[149]

Em suas andanças nas Missões de Diamantina, Padre Lage sedimentou algumas impressões sobre a prática do sacerdócio, registradas no livro de tombo da Paróquia da Floresta:

> Aí fiquei em 1953 e 1954, dois anos cheios de trabalho e lutas, quando acabei de verificar como nós padres muitas vezes nos encontramos longe da realidade dos humildes – nas cidades e nas roças – pregando-lhes uma falsa resignação para com a miséria, a miséria que Deus não quer. Em todos esses trabalhos, fui sempre um inconformado com a orientação e os métodos usados. E tendo modo de agir diverso, sempre mais ou menos incompreendido, mormente dos superiores, que se julgavam melindrados.[150]

---

[148] PESSOA. *O padre do diabo: a igreja ausente na hora de mudar*, 1988. p. 77.
[149] PESSOA. *O padre do diabo: a igreja ausente na hora de mudar*, 1988. p. 79.
[150] LIVRO... p. 73-74.

De Diamantina transferiu-se para Caeté, onde permaneceria por um ano como pároco. Quando chamado de volta à capital, no início de 1956, estava em vias de implementar naquela paróquia do interior um colégio para menores carentes. Seria financiado pelo loteamento de terras oferecidas em condição especial de pagamento por um fazendeiro solitário da região. Grande oportunidade, segundo o padre, para ao mesmo tempo facilitar aos populares a aquisição da casa própria e proporcionar-lhes espaço de formação integral da juventude.

Impelido pelas circunstâncias, o padre abandonou seu projeto em Caeté e assumiu, em janeiro de 1956, a paróquia da Floresta, em Belo Horizonte. Mas não mudou seu "estilo de sacerdócio". Ao contrário, a partir daí o ferrense Padre Lage parece não ter perdido oportunidade para desafiar interesses...

Em 1959, na greve dos servidores da limpeza pública (que se estenderia a todo o funcionalismo municipal), assumiu a comissão de relações públicas e fez com que uma luta até então clandestina se transformasse no grande destaque dos jornais da cidade. O mau cheiro que começou a tomar conta das ruas, a luta organizada dos trabalhadores e a condução firme do padre (que divergiu até mesmo do representante oficial dos funcionários municipais ao não aceitar a primeira proposta) acabaram por solapar a intransigência do prefeito Amintas de Barros, obrigado a atender a exigência dos garis e demais funcionários. Modesta, mas mui justa exigência, aliás: o pagamento de três meses de salários atrasados.

Repreensão do bispo D. João Resende Costa, indiferença do prefeito e demora do setor burocrático da prefeitura em cruzar os braços foram, segundo padre Lage, os principais motivos de sua radicalização no movimento:

> Bati para a Vila dos Marmiteiros, improvisei um comício e levei de bonde para o centro da cidade umas duas mil pessoas, entre velhos, senhoras e crianças. Cercamos o edifício da administração municipal. O compromisso assumido pelas mulheres era simplesmente estar ali, com os filhinhos, até que o movimento terminasse com a vitória dos grevistas, isto é, com o pagamento dos atrasados. Foram convocados de urgência médicos e assistentes sociais voluntários, para ajudar as mães no cuidado das crianças ao relento. Todo mundo

comeu muito bem, os meninos tomaram muito leite. E souberam muito bem sujar os contornos daquela bastilha. Aproximava-se o Natal: foi assim que naquele ano celebramos o nascimento do Menino Deus no meio de nós. [...] Uma coisa hoje é certa, maior do que todas: o povo humilde nascia para a história, aprendendo com as próprias lutas.[151]

Não por acaso desbancou, pois, bispos e outras autoridades acostumadas à "honraria" e foi eleito pelos Diários Associados a personalidade eclesiástica do ano.

No ano seguinte (1960), já estava envolvido em outro movimento, dessa vez ao lado das professoras primárias do Estado contra o governador Bias Fortes. Apesar de encontrar maior dificuldade na coordenação dessa greve, Padre Lage conseguiu fazer com que o bispo D. Serafim Fernandes de Araújo aceitasse a direção das negociações. Foi constante a ameaça da Polícia Militar, mas ainda assim o movimento persistiu até alcançar seus objetivos.

E foi assim que Padre Lage transformou-se, pouco a pouco, em figura de destaque nos noticiários da capital, notadamente por assumir aberta participação nos movimentos populares. Era, no início dos anos 1960, referência quase obrigatória para os jornais quando o assunto em pauta requeria opinião da chamada "ala progressista" da Igreja católica em Belo Horizonte:

> Minha atuação na Floresta pouco a pouco passou a ser a presença de um sacerdote moderno, que sempre tinha algo diferente que dizer sobre temas do momento. Alguns jornais foram pouco a pouco polarizando os julgamentos na tendência tão comum de dicotomizar. De um lado estava o padre João Botelho, aliás parente dos Chateaubriand [Diários Associados], a pontificar a moral mais severa [...] e as políticas mais direitistas, que beiravam o clericalismo mais estreito. [...] Ocupava o vigário da Floresta o extremo oposto nas controvérsias, insistindo sempre na autonomia dos assuntos temporais e humanos dentro da sua esfera própria, sem intervenção dos homens do sagrado, que não tinham nada que dizer, senão aplaudir a maturidade dos homens e mulheres que tomam decisões importantes com conhecimento de causa. [...]".[152]

---

[151] PESSOA. *O padre do diabo: a igreja ausente na hora de mudar*, 1988. p. 104-5.
[152] PESSOA. *O padre do diabo: a igreja ausente na hora de mudar*, 1988. p. 96.

Mas, para além de sua forte atuação política, Padre Lage lembra em sua autobiografia que outros interesses já pareciam dominá-lo desde o início de sua vida sacerdotal. Durante a primeira metade dos anos 1940, quando lecionava nos dois Seminários de Mariana, foi altamente influenciado pela presença de um jovem casal católico que trazia novas ideias de Belo Horizonte, principalmente no que dizia respeito à aplicação da doutrina social da Igreja, à Ação Católica e às novas exigências de participação litúrgica.[153] Com efeito, sua impressão ainda como estudante sempre havia sido a de que a liturgia, tal como ensinada nos seminários, "com as suas regras estratificadas até o mínimo gesto, com ligeiras concessões a costumes arcaicos de velhas sedes e sem nenhuma contemplação com tendências modernas de povos jovens" conseguia no máximo criar, ao lado de outras disciplinas, um ambiente de "certa leviandade de espírito, que tudo digeria com tédio mortal, em clima de jogo permanente".[154]

Nesses tempos, segundo Padre Lage, formara-se em torno daquele casal um grupo de amigos que buscavam quebrar o clima conservador de Mariana, motivando-o cada vez mais a descobrir "novas verdades nos velhos tesouros, lendo coisas pretensamente modernas, nem sempre muito profundas", levando-o a repensar e efetivamente mudar sua atuação e seu ensino. A partir daí, em suas próprias palavras,

> [...] se polarizava já então para o jovem e inquieto professor de seminário o triângulo de preocupações que iam norteá-lo por longos anos, em sua luta contra todo o ranço, dentro e fora da instituição clerical. O movimento social, o movimento litúrgico e o despertar para as artes, também renovadas.[155]

Após alguns desentendimentos com Dom Helvécio Gomes de Oliveira (Arcebispo de Mariana), decorrentes de sua personalidade por demais "insubmissa" para os padrões da Igreja, Padre Lage foi

---

[153] Trata-se do engenheiro Pio Menezes, então nomeado diretor da fábrica de tecidos de Mariana, e sua esposa, Eneida Assunção Menezes, que vinha "das fileiras da Ação Católica" de Belo Horizonte. Cf. PESSOA. *O padre do diabo: a igreja ausente na hora de mudar*, 1988. p. 60-1.

[154] PESSOA. *O padre do diabo: a igreja ausente na hora de mudar*, 1988. p. 56-7.

[155] PESSOA. *O padre do diabo: a igreja ausente na hora de mudar*, 1988. p. 61.

transferido para Salvador, onde lecionou durante o ano de 1947. Altamente influenciado pelo Mosteiro de São Bento carioca, o homônimo baiano vivia à época um intenso clima de renovação. O Seminário de Santa Teresa teria sido o ambiente propício no qual Padre Lage pôde finalmente exercitar sua postura de inconformidade com os princípios católicos mais tradicionais:

> Criou-se, entre nós, cerca de oito sacerdotes, uma verdadeira comunidade de destino, onde, sem exagerar, obtivemos, por reflexão conjunta, um clima de antecipação do Concílio Vaticano II. As grandes teses desse hoje esquecido concílio eram desde então nossas magníficas esperanças, alicerçadas pela visão da Igreja como Corpo Místico de Cristo e Alma do Mundo. [...] Víamos, com a ajuda de Maritain e Alceu Amoroso Lima, renovar-se toda a realidade em torno de nós. Reinventamos a teologia e, com ela, o nosso que fazer sacerdotal. Nos liberamos de velhos tabus, que pusemos a ridicularizar, muito entre nós. [...] Era uma renovação total.[156]

Quase inevitavelmente o Padre estava, em pouco tempo, novamente envolto em controvérsias. Denúncias sobre a possível "heresia" chegaram até Paris, tendo como consequência seu afastamento do Seminário Central da Bahia. Dirigiu-se, então, para o Rio de Janeiro, onde permaneceu por alguns meses como Capelão da Santa Casa de Misericórdia à espera de colocação por parte de seus superiores. Foi quando entrou em contato direto com figuras proeminentes da intelectualidade católica em pleno debate na capital da República, principalmente em torno do Centro Dom Vital (Alceu Amoroso Lima, Gustavo Corção, Carlos Lacerda, entre outros). Chega inclusive a publicar um artigo na revista *A Ordem*, denominado "A Redenção na Eucaristia".[157]

Em seguida, recebe um convite do Padre Agnaldo Leal, apoiado por Dom Cabral, para auxiliá-lo na paróquia do Santo Antônio, em Belo Horizonte. Na visão de Padre Lage, tal proposta se dera em razão do seu envolvimento com o chamado

> [...] movimento litúrgico, então em pleno auge, sob as bênçãos do Arcebispo de Belo Horizonte. Brotava no Mosteiro de São Bento

---

[156] PESSOA. *O padre do diabo: a igreja ausente na hora de mudar*, 1988. p. 65-6.
[157] Cf. PESSOA. *A Ordem*, p. 215-25, jul./dez. 1947.

do Rio, por obra e graça de um interessantíssimo Dom Martinho Michler, então arquiabade, e se irradiava pela Ação Católica, principalmente em Minas Gerais.

Como caracterizá-lo? Tratava-se de um novo esboço de teologia fundamental da Igreja, inspirado na obra de Santo Inácio de Antioquia, dos místicos de Alexandria e dos Padres Apostólicos. A Igreja era pura e sem mancha, a Esposa do Cordeiro, que, sem perder a sua glória, necessariamente se macularia em contato com a sujeira do mundo, em suas sucessivas encarnações culturais. Era preciso reencontrá-la, particularmente no rito, uma espécie de redenção cristã dos mistérios de Elêusis. A Ação de Graças e os demais sacramentos e sacramentais deviam ser recuperados, para realmente produzir o que significam, de maneira totalmente objetiva: externamente, com roupagem e gesticulação bizantina; internamente, com a fé no operar, que não se confundia com qualquer manifestação de sentimentalismo barato. Nasce daí certa seriedade e dignidade da ação litúrgica, que vai de encontro ao automatismo rotineiro com que "se dizem as missas" e se "administram" os sacramentos, nos costumes católicos. Mais ainda, uma necessidade de participação na ação sagrada, o que acarretava o uso do missal em vernáculo para os fiéis e até mesmo, em casos mais especiais, a dialogação, em latim, das partes a que isso se prestavam. Para significar que missa é assembléia de todos, presidida por aquele que está no altar.[158]

Padre Lage teve participação ativa numa comissão de sacerdotes nomeada pelo Arcebispo Dom Antônio dos Santos Cabral para organizar a Semana de Liturgia, realizada em Belo Horizonte, de 3 a 9 de setembro de 1950. Naquela oportunidade, proferiu uma série de palestras transmitidas pela Rádio Inconfidência e publicou diversos artigos no jornal católico *O Diário*, divulgando às paróquias da cidade os fundamentos da liturgia renovada.[159]

Ao escrever sobre o Movimento Litúrgico em suas memórias, Padre Lage revela a grande influência exercida por tal manifestação também no campo da arte sacra. E deixa escapar, com uma certa dose de ironia, sua impressão posterior sobre suas atitudes nesse campo ao longo da vida sacerdotal:

---

[158] PESSOA. *O padre do diabo: a igreja ausente na hora de mudar*, 1988. p. 68.

[159] Cf. SILVA. *O Movimento Litúrgico no Brasil: estudo histórico*, 1983. p. 260.

> Outro efeito muito típico dessa visão é uma febre de renovação artística, que atinge especialmente a estatuária: fria, rígida e descarnada, importada de velhos mosteiros alemães, chegou a simbolizar o estilo da Ação Católica belo-horizontina.
>
> Aderi à moda, com algum espírito crítico. Dei-me bastante bem no mundo novo. E devo ter cometido muito exagero, como é próprio de movimentos desse tipo.[160]

A referência aos exageros teria algo a ver com a sua influência direta naquilo que se sucederia em Ferros? Seria temerária qualquer afirmação mais enfática nesse sentido. Contudo, podemos inferir de seu testemunho sobre as concepções religiosas das quais comungava que o interesse pela atuação transformadora na esfera política era, decerto, apenas uma das facetas daquele Padre Lazarista. Antes mesmo de tomar atitudes polêmicas capazes de notabilizá-lo na comunidade de Belo Horizonte, colocando-o repetidamente nas capas dos principais jornais mineiros, a liturgia e a arte sacra já eram terrenos frequentemente visitados pelo religioso com o intuito de provocar mudanças significativas.

Quando recebera a carta de Padre José Casimiro, comunicando-lhe a recomendação de D. Oscar de Oliveira para que o auxiliasse na construção da nova Igreja Matriz de Ferros, Padre Lage lembrou-se do seu amigo e companheiro das reuniões na casa de Moacyr Laterza. Ali, um grupo de jovens formados na Universidade de Minas Gerais (UMG) – muitos deles fundadores da Juventude Universitária Católica – se encontravam regularmente aos sábados. Tratava-se do arquiteto Mardônio dos Santos Guimarães.[161]

Padre Lage conhecia as experiências de Mardônio na arquitetura religiosa. Sabia que aquele pouco tempo atrás havia projetado o Santuário Nossa Senhora da Piedade, na Serra da Piedade, e que estava envolvido na construção da matriz da Cidade Jardim Eldorado, em Belo Horizonte. Os dois compartilhavam os mesmos princípios litúrgicos, cultivados principalmente no campo da Ação Católica de Belo Horizonte. Não hesitou, portanto, em convidá-lo para a tarefa de elaborar a planta para a nova Matriz de sua cidade natal.

---

[160] PESSOA. *O padre do diabo: a igreja ausente na hora de mudar*, 1988. p. 68.
[161] Entrevista com Maria Amélia Barcellos, viúva de Mardônio dos Santos Guimarães, realizada em maio de 2001.

O fato é que, até então, o audacioso sacerdote jamais tivera oportunidade como aquela para aplicar suas ideias sobre a arte destinada ao culto católico. Pouco tempo antes, construíra uma casa paroquial na Floresta. Fugiu, à época, de um "saudosismo de gosto duvidoso", preocupando-se em construir uma "residência funcional e moderna". Contudo, em sua paróquia havia um campo bastante limitado para aplicar suas ideias renovadoras também no campo da arte sacra, tendo que se conformar com uma "igreja amarela e feia, de péssimo gosto gótico. Um gótico pobre e sem pedra, uma perfeita caricatura moderna da espetacular fase medieval da arte".[162] Pôde, no máximo, alterar a decoração do seu templo, por acreditar que "*a eucaristia participada [requeria] espaço mais condigno*". Aplicou, dessa forma, "restaurações sucessivas na igreja e sobretudo no santuário, que se aproximou do estilo severo e limpo dos mosteiros da nova linha".[163]

A proposta foi aceita pelo arquiteto, com a condição de que tivesse a liberdade de aplicar, para além da organização do espaço de acordo com os princípios do movimento litúrgico – o cristocentrismo, principalmente –, também suas concepções arquitetônicas modernas. É provável que, na visão de ambos, caso se efetivasse a parceria, seria sem dúvida uma rara ocasião para que se pudesse alcançar uma proposta harmoniosa entre a arquitetura modernista e a temática religiosa orientada pela liturgia renovada.

Até aí, o entendimento era total. A comunidade ferrense já se agitava para promover a nova construção, Padre José Casimiro alcançara a aprovação do arcebispo para iniciar o empreendimento, podendo contar imediatamente com o apoio de Padre Lage. Este, por sua vez, conseguira sem dificuldades um arquiteto competente e que compartilhava dos princípios do chamado "Movimento Litúrgico" para elaborar a planta.

Padre Lage e Mardônio Guimarães resolveram, em seguida, visitar a cidade, para assim definir o local de construção da nova Matriz.

---

[162] PESSOA. *O padre do diabo: a igreja ausente na hora de mudar*, 1988. p. 99.

[163] PESSOA. *O padre do diabo: a igreja ausente na hora de mudar*, 1988. p. 97.

Começava então a se desenrolar a história que levaria, alguns meses mais tarde, não somente àquela sensação profundamente incômoda compartilhada por muitos fiéis que assistiam, desolados, à demolição do velho templo da cidade de Ferros, como também a uma série de discussões e embates capazes de mobilizar todo o município, notabilizando-o como nunca...

A moderna Matriz: "faremos o povo aceitar"

O entusiasmo inicial de Padre Lage parecia terminar juntamente com o seu fôlego, após percorrer toda a cidade ao lado de seu amigo Mardônio Guimarães. A topografia de Ferros era de fato bastante desfavorável, e, além disso, nenhum espaço maior se apresentava disponível na região central da cidade para receber o novo templo.

Mas o desapontamento não teria sido suficiente para evitar que uma ideia bastante inusitada lhes passasse pela cabeça. Em contraste com o estado decadente da antiga Matriz, o espaço mais movimentado da cidade era justamente aquela praça, referência vital no cotidiano da sua população. A pergunta tornou-se inevitável: em vez de um edifício em modesto estilo colonial, carente de autenticidade, praticamente reconstruído em fins do século XIX, por que não um belo templo modernista?

Devem ter considerado remota, contudo, a possibilidade de aqueles fiéis, católicos tradicionais do interior mineiro, aceitarem tamanha ousadia. Se ambos deveriam enxergar naquela velha Matriz somente um espaço para o exercício de piedades individuais, retrato da expressão de um devocionismo sentimental refratário ao caráter coletivo da missa participada, deveriam também ter a consciência de que, para os ferrenses, aquele prédio representava muito mais. Além disso, não teriam condições de levarem, sozinhos, aquela proposta adiante. Pelas palavras do próprio Padre Lage, sem o apoio decidido do jovem pároco de Ferros, dificilmente algo parecido se efetivaria:

> Ferros está presa entre as montanhas e o rio, sem nenhuma planície. [...] A praça da matriz é o único espaço mais amplo, mas era preciso construir a nova igreja no mesmo lugar da antiga, com ligeiras

mudanças de orientação. Começava um problema grave. Mas o padrezinho [Padre José Casimiro] topava tudo.[164]

Se, para o povo em geral, a principal justificativa para um novo templo seria o péssimo estado de conservação da antiga Matriz – a segurança dos seus frequentadores já estava ameaçada –, provavelmente o que mais incomodava Padre José Casimiro desde que assumira a Paróquia de Ferros era a incompatibilidade entre aquele edifício e as concepções litúrgicas das quais partilhava. Em sua formação religiosa, no Seminário de Mariana, Padre José já deveria ter recebido alguma influência de Padre Lage e dos novos ares que invadiam o terreno litúrgico até mesmo naquela cidade dominada pelo catolicismo tradicional. Portanto, demolir a velha Matriz teria sido inclusive a intenção inicial do jovem Casimiro, talvez ainda não manifesta aos fiéis pelo receio de perder o apoio da comunidade nos esforços já iniciados para a construção da nova Matriz.

Sentiu-se fortalecido, contudo, pelo apoio oferecido por Padre Lage e Mardônio no sentido de convencer os ferrenses a derrubarem sua velha Matriz. Não enxergava mesmo naquele edifício um espaço adequado para o exercício do culto católico renovado, considerando desde o início que sua bela localização serviria muito mais a uma nova Matriz em plena atividade que a uma construção sem valor artístico reconhecido e em ruínas, interditada. De fato, construir sua nova Matriz em outro local seria abrir mão de um aspecto fundamental para a Igreja católica num contexto de crescente secularização da sociedade: a localização estratégica de seus templos.

Só não contava com tamanha ousadia do arquiteto ao elaborar o projeto da nova igreja. Assustou-se, de início, considerando-o moderno demais para uma pequena cidade do interior. Ficaria muito bem, por certo, numa cidade como Brasília. Mas em Ferros? Num ambiente estranho ao estilo moderno, dominado por antigas construções e habitado por aquela gente simples e recatada? Padre Lage também teve a mesma impressão e considerou mais prudente que Padre José e Mardônio apresentassem pessoalmente a maquete ao Arcebispo em Mariana.

---

[164] PESSOA. *O padre do diabo: a igreja ausente na hora de mudar*, 1988. p. 101.

Dom Oscar de Oliveira, por sua vez, demonstrara havia pouco tempo um interesse particular pela moderna arquitetura religiosa. Em uma série de artigos publicados no jornal *O Arquidiocesano*, buscava trazer "algumas orientações atinentes a construções de igrejas, de acordo com as circunstâncias locais, a técnica moderna e os prescritos litúrgicos, colhidas de competentes autoridades".[165] Algumas considerações ali publicadas podem nos ajudar a entender seu posicionamento em relação ao assunto:

> Não é nada acertado entulhar a igreja de imagens, mesmo bem feitas, que se prestem a afastar o pensamento das pessoas simples do culto de adoração devido só a Deus, Rei e Centro de todos os corações.
>
> O Concílio Plenário Brasileiro prescreve que no mesmo altar haja uma imagem principal apenas tolerando uma secundária (Decr. 237, § 2).
>
> Em vez de inflação de imagens, às vezes frágeis, de gesso, "feitas em série", é muito mais racional que se adquira uma ou outra, de madeira, realmente artística, embora de elevado preço, induzindo os fiéis a meditar, através dela, na beleza moral do santo por ela representado.[166]
>
> Altar-Mor. A igreja é construída por causa deste altar. Demos a palavra ao abalizado Mons. Nabuco: "A importância do altar nasce do próprio valor do Sacrifício Eucarístico que nele se oferece. De alguns séculos para cá, principalmente depois dos estilos ditos renascimento e barroco, o altar passou por tristes evoluções. Perdendo-se de vista a santidade da Mesa do Sacrifício, passou-se esta para o terceiro plano, e os altares transformaram-se em enormes retábulos, alguns, chegando quase a tocar no teto das igrejas, e cheios, ou melhor, a transbordar de estátuas de santos de todo o tamanho, castiçais e vasos de flores sem número, desaparecendo quase por completo a mesa, reduzida que foi a um simples pedestal.
>
> Tinha-se caminhado muito longe da imponente simplicidade do Rito Romano, do nobre ideal das antigas basílicas que ainda hoje

---

[165] OLIVEIRA. *O Arquidiocesano*, p. 2, 8 nov. 1959.
[166] OLIVEIRA. *O Arquidiocesano*, p. 3-4, 27 dez. 1959.

se vêem em Roma, na sua majestosa simplicidade. O Crucifixo, reduzido a proporções quase imperceptíveis, cedera seu lugar e fora encostado ao pé duma imagem. [...]".[167]

Sua visão das igrejas típicas do interior mineiro não se distanciava, dessa forma, da visão própria de setores do Movimento Litúrgico. Ao mesmo tempo, considerava importante a adaptação das igrejas aos tempos modernos, desde que não perdessem sua característica própria como edifícios sagrados e não se degenerassem por meio dos "caprichos" dos artistas modernos e suas possíveis extravagâncias. Considerou, contudo, o projeto da nova Matriz de Ferros um belíssimo exemplar de aplicação dos princípios modernistas à arquitetura religiosa, ficando em dúvida apenas quanto à aceitação de algo "tão avançado" pelos próprios habitantes do município.[168] Acreditava que, sem o fervoroso empenho dos católicos na construção da nova igreja, seria bastante difícil transformar aquela maquete em realidade, tornando-se temerária qualquer atitude precipitada em relação à antiga Matriz de Sant'Ana. Quanto ao estilo mais adequado aos novos templos católicos, afirma em seu artigo, citando Monsenhor Joaquim Nabuco:

> É muito importante para nós, na construção de Igrejas, a opinião pública. A pergunta, qual a arte ou estilo da igreja, respondo:
>
> A Igreja não tem estilo. Ela aproveita o material e as coisas que o tempo e o século lhe dão. Hoje temos de usar concreto armado, que nos permite arcos e espaços os quais, antigamente, nem sequer podiam ser imaginados. [...]
>
> A arte moderna exige muito mais do arquiteto do que exigiam as artes clássicas antigas. É muito mais difícil criar, e o grande arquiteto é aquele que sabe criar. Em relação às exigências da igreja no que se refere à arquitetura, posso dizer que ela deve ser somente funcional, como também o hospital deve sê-lo. É necessário que a igreja tenha uma nota de religiosidade com que possa se distinguir de outro centro qualquer profano. Que a igreja seja um livro aberto, que ajude a pessoa a ir a Deus. Que a arquitetura moderna tenha por fim substituir muita coisa de falso, que seja como deve ser, simples e leal.[169]

---

[167] OLIVEIRA. *O Arquidiocesano*, p. 2, 20 dez. 1959.
[168] Cf. SE OS ANTIGOS... *Ferros*, p. 4, 5 mar. 1961.
[169] OLIVEIRA. *O Arquidiocesano*, p. 2, 8 nov. 1959.

O arcebispo teve, então, a ideia de promover uma consulta aos fiéis da cidade, para que estes pudessem aprovar ou rejeitar aquele projeto da nova Matriz elaborado por Mardônio Guimarães. Dessa forma, caso fosse reprovado, ainda teriam a chance de apresentar outra alternativa aos ferrenses, mantendo, contudo, a ideia de demolir-se a antiga Matriz e construir um novo templo segundo os princípios do cristocentrismo. De agora em diante, a empreitada dos párocos e do arquiteto só se concretizaria caso conseguissem o apoio da comunidade.

Como era de se esperar, a ideia de Dom Oscar de Oliveira foi muito bem recebida por Padre Lage, que imediatamente procurou seu primo e amigo Roberto Drummond para ajudá-lo na tarefa de convencer seus conterrâneos a aprovarem a igreja moderna:

> – O homem disse que aprova se o povo aceitar? Pois *faremos o povo aceitar* – afirmou com a segurança do jornalista habituado a formar opinião.
>
> Surgiu daí um plano gigantesco. [...] Fomos ao Gilberto Chateaubriand, que chefiava a TV Itacolomi:
>
> – Por ser o que é, vocês ficam com as câmaras sábado próximo desde as onze da manhã até a hora que for.
>
> Organizamos nossa apresentação, depois de avisar por telégrafo ao padre Casimiro. Houve foguetório e festa. Ferros aparecia pela primeira vez na televisão em programa inédito: se perguntava a seus habitantes se aceitavam aquela bonita igreja que o Mardônio lhes mostrava em todos os seus detalhes. Não se lhes escondeu nada. Tratava-se do que se chama arte moderna, despojada, própria dos novos tempos. Se destruiria a igreja velha, salvando-se naturalmente tudo o que devia guardar-se. A consulta se fazia agora por esse meio, mas se formalizaria depois por um plebiscito, onde votariam também os analfabetos: decisão Drummond-Lage, que estávamos por detrás da estória toda.[170] [grifo nosso]

Ou seja, segundo o próprio Padre Lage, a ideia inicial de se consultar os católicos de Ferros antes de tomar qualquer atitude foi transformada em algo muito mais amplo, que por certo não havia passado

---

[170] PESSOA. *O padre do diabo: a igreja ausente na hora de mudar*, p. 101-2.

pela cabeça do arcebispo.[171] Aproveitou-se a ocasião para radicalizar a consulta, transformando-a num plebiscito, no qual toda a população teria o direito de participar, inclusive os analfabetos.

Provavelmente, Padre Lage tenha enxergado na situação uma oportunidade ímpar para, ao mesmo tempo, promover um "ritual democrático" com grande potencial pedagógico para o amadurecimento político do povo de Ferros e demonstrar a incoerência dos argumentos daqueles que defendiam a impossibilidade de os iletrados participarem do processo eleitoral. Quis fazer do plebiscito de Ferros uma demonstração de que seria perfeitamente possível consultar regularmente as comunidades sobre aquelas questões que lhes dissessem respeito e elaborar um sistema que permitisse incorporar a grande massa analfabeta ao exercício democrático. Sobre essa parcela da população, afirma em suas memórias, por exemplo, que, apesar de não dominarem a leitura e a escrita, têm

> Uma noção exata de seus deveres, aliada à clara percepção de seus direitos, contrariamente ao clichê que até hoje se tem deles, quando se admite hipocritamente que não podem votar, porque, como analfabetos, não compreenderiam o alcance da sua opção e seriam manobrados pelos poderosos. Se este fosse o perigo, seguro que todos estariam votando, mediante qualquer simplificação do complexo sistema atual. Mas não: o medo é outro, de que votem no candidato da confiança deles e não do fazendeiro.
>
> E são milhões esses escravos da terra, homens e mulheres, proibidos de votar, porque a sociedade a que pertencem não soube ensinar-lhes a ler e escrever, tomando-lhes, isto sim, sua força de trabalho, de maneira perfeitamente iníqua – como a meia e a terça, por exemplo – e exigindo-lhes inclementemente os impostos que são devidos ao Estado.[172]

Para alcançar seus objetivos, entretanto, seria preciso contar com o apoio da imprensa, única maneira pela qual se poderia divulgar ao máximo o acontecimento que se planejava realizar naquela cidade do interior mineiro. Teria sido também com esse

---

[171] Cf. LEÓN. *Binômio*, p. 8, 6 fev. 1961.
[172] PESSOA. *O padre do diabo: a igreja ausente na hora de mudar*, 1988. p. 84.

intuito que Padre Lage buscou a ajuda de seu conterrâneo, Roberto Drummond. Juntos, conseguiram mobilizar toda a imprensa escrita de Belo Horizonte, algumas publicações nacionais e até mesmo a televisão, fazendo com que se transmitisse ao vivo de Ferros uma enquete na qual se apresentava a planta de Mardônio Guimarães aos habitantes da cidade.

A mocidade, a "Minas tradicional" e o anseio pelo novo

A primeira tentativa de convencimento da população sobre o projeto de construção da nova Matriz e a consequente derrubada do velho templo se abateu como um terremoto sobre a cidade. De um momento para o outro, Ferros se viu invadida por um vislumbre de modernidade, transformando-se no palco de uma transmissão ao vivo de TV e, simultaneamente, no alvo de uma possível construção em estilo modernista.

Mas não era a primeira vez que a cidade ganhava, naquele mesmo ano, certo destaque na imprensa da capital. Pouco tempo atrás, o jornal *O Binômio* havia noticiado em sua primeira página um movimento grevista sem precedentes, desencadeado pela porção feminina da juventude ferrense:

> As moças da cidade de Ferros (Vale do Rio Doce) estão realizando uma greve nunca vista até hoje em todo o mundo, que consiste em ficar sem namorar ou pelo menos flertar com os rapazes de sua terra, durante as férias.
>
> A greve foi decretada como protesto pelo fato de os rapazes ferrenses preferirem, no período de aulas, só namorar as cento e poucas moças de fora que estudam na Escola Normal.
>
> Até agora (entrando no seu primeiro mês) a greve do olhar não foi furada e caminha para a vitória, que virá daqui a 45 dias.[173]

O município de Ferros era, àquela altura, um típico exemplar do interior mineiro, com a economia assentada sobre uma base agropecuária. Com aproximadamente 23.100 habitantes, segundo o Censo de 1960, dos quais apenas pouco mais de 2.000 residentes na sede do

---

[173] MOÇAS... *Binômio*, p. 1, 16 jan. 1961.

município, e um índice de analfabetismo estimado em 40%, a cidade era servida apenas por estradas sem pavimentação. Possuía um precário suprimento de energia elétrica, garantido por uma pequena usina hidrelétrica instalada numa fazenda da região, um pequeno comércio e setor de serviços (açougue, bares, armazéns, lojas, farmácias, hotel, alfaiate, contador, etc.), um Ginásio Escolar, uma Associação Rural e algumas entidades de assistência ainda em fase de instalação, como o Posto de Puericultura e o Hospital.

Boa parte de sua dinâmica era, de fato, ditada pelo movimento da Escola Normal, fundada por volta de 1920 pelo advogado José James Pessoa (pai de Padre Lage), com o objetivo de atender à demanda da região por "professoras primárias". Lá funcionavam o Bar Estrela, uma boate (aberta todas as noites até as 23 horas) e um cinema que exibia filmes aos sábados e domingos, recentemente reaberto por influência direta de Padre José Casimiro.

As moças vindas de outros centros urbanos, com o intuito de se formarem ao final dos quatro anos do Curso Normal, consistiam na grande fonte de novidades para a juventude ferrense, que se sentia profundamente incomodada com o "marasmo" que caracterizava a cidade. Com seus hábitos "menos recatados", mais sintonizados com padrões de vida urbanizados que se espalhavam pelo país desde o início da década de 1950, as "meninas de fora" exerciam tal fascínio sobre os jovens ferrenses que se transformaram em concorrentes desleais no julgamento das garotas da própria cidade, o que teria desencadeado aquela pitoresca mobilização. O quase anedótico "movimento grevista" – divulgado em Belo Horizonte pelo jornalista ferrense Roberto Drummond – pode ser interpretado, dessa forma, como uma primeira manifestação do descompasso entre as aspirações da juventude ferrense e o cotidiano vivenciado na cidade.

Mas a sociedade brasileira como um todo vivia, àquela época, os efeitos das mudanças de hábitos decorrentes em grande parte da incorporação de padrões de produção e consumo até então nunca desfrutados no país. Se a política nacionalista de modernização empreendida pelos governos de Vargas desde os anos 1930 foi canalizada para o setor infraestrutural da economia (diversificou-se a produção agrícola, buscou-se substituir importações principalmente na área da indústria pesada, consolidar a base energética do país e alavancar inclusive a indústria de bens de capital), a política econômica de Juscelino Kubitschek (1956-1961) teve um impacto ainda maior sobre os hábitos cotidianos das camadas médias da crescente população urbana do Brasil, através do seu incentivo direto e captação de investimentos externos na área dos bens de consumo duráveis. Seja por meio do consumo efetivo de ícones do chamado *American Way of Life*, até então apenas admirados pela tela dos cinemas (aparelhos de televisão, geladeiras, máquinas de lavar roupa, liquidificadores, batedeiras, secadores de cabelo, máquinas de costura, automóveis, caminhões, etc.), seja pela simples virtualidade de acesso a esses bens – construída, em boa parte, pela propaganda –, o fato é que, à medida que diminuía o fosso entre as expectativas e as possibilidades de consumo dos setores urbanos mais privilegiados da população brasileira, aumentava a distância entre os padrões de vida das populações do interior – ligadas às atividades mais tradicionais da economia – e o otimismo progressista do "novo mundo" – que se apresentava nos maiores centros urbanos.

Para além do novo patamar de consumo, foram as "selvas de pedra" – paisagens repletas de exemplares da já internacionalmente reconhecida "arquitetura moderna brasileira" – que acabaram tornando-se o grande símbolo da nova era pela qual passaria o país. A expressividade estética dessas urbes, potencializada pela construção de Brasília, a metassíntese do plano desenvolvimentista de Juscelino Kubitschek, completava-se com a proposta de desbravamento de regiões inóspitas, integrando todo o país numa enorme malha viária e levando o desenvolvimento a todos os cantos do país. Ao novo homem brasileiro, invadido por uma autoestima renovada e pela confiança quase ilimitada no futuro, restava dominar a natureza e entrar de vez para o restrito clube dos países industrializados.

Como demonstramos na primeira parte deste trabalho, antecedentes desse processo podem ser encontrados especificamente em Minas Gerais, já ligados de alguma forma, como no caso de Ferros, à arquitetura religiosa. A revista *Seleções do Reader's Digest*, por exemplo, traz estampada na capa da edição de fevereiro de 1950 uma gravura em cores do Yacht Club de Belo Horizonte, ilustrando reportagem com o seguinte texto:

> Como Minas Gerais não tem litoral, parece razoável que o Yacht Club de Belo Horizonte esteja à beira de um lago. Acontece, porém, que não havia lago nas cercanias de Belo Horizonte. Mas isto não deteve os mineiros, que logo presentearam sua capital com um novo bairro residencial, a Pampulha, e criaram um lago no centro do bairro, e plantaram um Yacht Club às suas margens.
>
> Há uma certa lógica em que Belo Horizonte, nascida do nada, a primeira das cidades planificadas, possua um lago que é antes uma obra de engenharia do que uma dádiva da natureza. Mas embora feito pela mão do homem, o lago de Pampulha não dá a impressão de algo artificial, forçado. Pelo contrário, o lago passou a ser o centro de gravidade do bairro de Pampulha. Aquela zona esquecida dos arredores de Belo Horizonte apresenta-se hoje como um dos mais arrojados e atraentes conjuntos urbanísticos do continente.
>
> Primeiro surgiu o Cassino da Pampulha, de formas alegres, arejadas, exemplo audaz de arquitetura contemporânea, discutido e admirado desde os salões do Museu de Arte Moderna de Nova York até as reuniões de arquitetos na Suécia. Depois veio a Igreja da Pampulha, ainda mais revolucionária, com seu campanário em forma de tetraedro invertido, se avolumando de baixo para cima.
>
> Enquanto isso, o bairro residencial ia crescendo, se expandindo de ano para ano, enchendo de casas, de vida, de gente. E para as moças e rapazes do bairro o Yacht Club, com seus embarcadouros e terraços a avançarem pelas águas do lago, tornou-se o centro máximo de atração. Iam ali para nadar, remar, velejar – e também para dançar e namorar.
>
> Hoje em dia o Yacht Club, transbordando de mocidade bronzeada, sadia, é bem um símbolo de Minas. Não daquele Minas tradicional das caçoadas, conservador, pacato, aferrado ao passado, meio bisonho. Mas deste Minas de agora, pujante e impaciente, que ergue cidades onde não havia, cava lagos onde não havia, e vai se salpicando de fábricas e usinas, vai arrancando do ventre fértil, repleto, ferro e manganês para dar aço à nação. E, sobretudo, vai formando uma juventude cheia de gosto pelo desporte, pela vida ao ar livre. Cheia

de confiança em si, de vontade de realizar, de construir, de tocar o Brasil para diante.[174]

Acreditamos que a juventude ferrense (ávida também por sair da "penumbra" representada pela "Minas tradicional") vislumbrou, quando consultada sobre a maquete de Mardônio Guimarães diante das câmaras da TV Itacolomi, o prenúncio da chegada a Ferros daquela tão esperada "onda de progresso" que teria assolado havia algum tempo a capital mineira e recentemente as regiões quase desérticas do planalto central do país. Finalmente, embalada pela chegada da equipe de televisão e da arquitetura moderna, a pacata cidade sairia da "inércia" em que se encontrava, transformando antigos sonhos em realidade:

> Tive um sonho em que tudo foi sonho...
>
> Fazia tempo, não ia a Ferros.
>
> [...] Apesar das imensas facilidades de transporte, não me sobrava tempo, para rever minha amada Ferros... A cidade impossível, a noiva eterna do Santo Antônio, Romeu galante, que de ciúme chora em seu colo.
>
> Tomei um moderníssimo ônibus, pois apavora-me viajar de Caravelle, e em 40 minutos de asfalto, rodava sobre a ponte do Barroso, aliás, Asfaltoso, já finda era a época do barro.
>
> E, incrível, que vejo!
>
> As montanhas deitavam, abrindo o vale, em arrojados artifícios de engenharia. Ferros de horizontes! Palácios públicos em alamedas romanas, mansões suntuosíssimas, o Fórum, cópia Autêntica do Alvorada.
>
> [...] Na quadra 444 [...] espalhava-se o monumental aeroporto Pe. Casimiro.
>
> Do outro lado, anexo à Cidade Universitária Fernão Dias, o estádio do Aimoré estampava cartazes para um amistoso com o Real Madrid [...]
>
> Na Avenida Niquito Brasil, verdadeira cidade rural, erguiam-se armazéns e silos, um frigorífico atômico, a Fazenda Modelo Moacir Lage, além de um departamento regional da Willys Overland of Ferros.

---

[174] TAVARES DE SÁ. *Seleções do Reader's Digest*, contracapa, fev. 1950.

> O Santo Antônio era cortado por navios em ativa navegação fluvial. A Câmara, democraticamente unida e reunida [...].
> – Mosquito danado não me deixa dormir!
> Acordei, minha mulher xingava o açougueiro.
> – Diabo, era sonho. Mas, consolação, muito breve estaremos rodando nas estradas do mês passado.[175]

De fato, a ideia da cidade e da arquitetura modernista concebidas como metáfora e elementos propulsores da modernidade assume, historicamente, força tão grande no imaginário das "periferias" que, como destaca Adrián Gorelik, para o homem latino-americano,

> [...] não é preciso conhecer a cidade, nem é preciso que as cidades realmente existentes cumpram efetivamente com os princípios desse imaginário, já que para ele a cidade é a modernidade e a civilização por definição, muito além das características reais que encarne em cada momento. [...] Na América, a modernidade foi um caminho para chegar à modernização, não sua conseqüência; a modernidade se impôs como parte de uma política deliberada para conduzir à modernização e nessa política a cidade foi o objeto privilegiado.[176]

Fruto da "vontade ideológica de uma cultura para produzir um determinado tipo de transformação estrutural", a progressiva identificação cidade/modernidade na América Latina alcançou seu auge justamente nos anos 1950 e 1960, com o chamado desenvolvimentismo. Ainda segundo Gorelik,

> [...] nunca antes a modernidade urbana presidiu de tal modo – de modo tão ideológico e prescritivo – a modernização. [...] O Estado se torna institucionalmente vanguarda moderna e a cidade, sua picareta modernizadora. [...] A mística construtiva com que se auto-representava esse momento histórico [...] outorgava um papel destacadíssimo ao Estado, mas dentro dele aos técnicos, como sua vanguarda. E no imaginário desenvolvimentista, arquitetura e urbanismo, através justamente da planificação, geraram os epítomes do perfil técnico moderno comprometido [...]. As relações centro/

---

[175] MARTELADAS... *Ferros*, p. 3, out. 1961.
[176] GORELIK. O moderno em debate: cidade, modernidade, modernização. In: MIRANDA. *Narrativas da modernidade*, 1999. p. 56.

periferia implicam [...] um dualismo tradicional/moderno que se devia resolver na universalização deliberada do setor modernizador, isto é, a cidade.[177]

Dessa forma, não seria prudente atribuir às concepções litúrgicas presentes no projeto de Mardônio Guimarães, e muito menos à falta de ligação afetiva com a antiga Matriz, a responsabilidade pela adesão quase imediata da juventude de Ferros à nova igreja. Se para Padre Lage, Mardônio Guimarães e Padre José Casimiro a principal inovação trazida pelo projeto era o seu cristocentrismo, a grande justificativa para a demolição da antiga Matriz na visão dos jovens de Ferros não passaria por aí, e sim pela expectativa de que o templo modernista fosse o elemento propulsor da modernização do município e, a exemplo do que supostamente teria acontecido com a Capela da Pampulha de Niemeyer, se transformasse no grande símbolo dos "novos ares" que invadiam a cidade. Em nome disso, seria até mesmo necessária a demolição da antiga Matriz, já que ela passava a representar, na visão dos jovens, justamente a antítese das suas aspirações (o passado, o "atraso"). É o que se verá com maior clareza quando tratarmos do engajamento desses setores no plebiscito em si e na posterior construção da "moderna Matriz de Ferros".

A campanha pelo "sim" e a fundação do jornal *Ferros*

Padre Lage e Padre José Casimiro tinham plena consciência, contudo, de que antes do plebiscito seria imprescindível esclarecer ao

---

[177] GORELIK. O moderno em debate: cidade, modernidade, modernização. In: MIRANDA. *Narrativas da modernidade*, 1999. p. 67-9. Não é nosso propósito específico uma discussão mais aprofundada em torno das representações da modernidade urbana no Brasil. Contudo, desde a passagem para o século XX, cidades brasileiras nasceriam ou sofreriam uma série de interferências pautadas por referenciais advindos de experiências estrangeiras de modernização. Inspirada em boa parte na reforma parisiense de Haussmann, por exemplo, a administração de Pereira Passos (1902-1906) abre avenidas, busca efetuar grandes obras públicas de saneamento e dar à cidade do Rio de Janeiro uma aparência mais "civilizada". Cf. PESAVENTO. *O imaginário da cidade: visões literárias do urbano (Paris, Rio de Janeiro, Porto Alegre)*, 1999; SEVCENKO. A capital irradiante: técnica, ritmos e ritos do Rio. *In: História da vida privada no Brasil: da Belle Époque à era do rádio*, 1988; BENCHIMOL. *Pereira Passos; um Haussmann tropical. A renovação urbana do Rio de Janeiro no início do século XX*, 1990; CARVALHO. *Os bestializados*, 1988.

restante da população da cidade o porquê da nova igreja. Afinal, boa parcela daqueles católicos certamente não apresentava nenhuma aversão aos valores tradicionais nem tanto menos, à sua velha e estimada Matriz.

A estratégia traçada para conquistar o apoio da maioria teria passado pela campanha aberta de Padre Lage e seu irmão Padre James a favor do novo projeto, enquanto Padre José Casimiro assumiria (ou tentaria assumir) uma posição menos incisiva até a decisão final da comunidade.[178] Quanto às figuras de maior prestígio em Ferros, se de início apresentaram uma certa resistência à derrubada da Matriz, parecem ter recuado e mudado de atitude, preocupados talvez em assumir uma posição antipática (e impopular) perante aquela crescente mobilização:

> [...] Depois de um programa apresentado na tevê Itacolomi na última semana, para o "sim" ou "não" a uma igreja moderna em Ferros, o Padre Francisco Lage, o arquiteto Mardônio Guimarães, o padre José Casimiro da Silva, que participaram do programa, receberam de várias autoridades ferrenses (Prefeito, Juiz de Direito, Coletor Estadual e comerciantes) um telegrama de congratulações.
>
> "Estamos de plano acordo e apoiando inteiramente a idéia de uma igreja moderna para Ferros", disse o prefeito Fernando de Carvalho, em sua mensagem.[179]

Ainda assim, os párocos encarregados de assumir a frente da campanha pela nova Matriz estavam certos de que seria bem mais complicado converter os católicos mais tradicionais em partidários da demolição. Trataram logo de afixar uma maquete com a proposta de Mardônio Guimarães na entrada do antigo templo. Aproveitaram a grande presença de fiéis durante as missas para divulgar a justificativa do projeto, tentando convencê-los ao mesmo tempo da inadequação daquele edifício "quase em ruínas" para abrigar as principais celebrações católicas da cidade. Garantiram, aos mais arredios, a preservação de tudo aquilo que tivesse algum valor artístico na velha Matriz de Sant'Ana.

Por outro lado, com a ajuda de Roberto Drummond, e graças à influência pessoal do próprio Padre Lage, foi possível divulgar bastante o

---

[178] Cf. FERROS:... *Última Hora*, p. 9, 3 mar. 1961.
[179] LEÓN. *Binômio*, p. 8, 6 fev. 1961.

projeto de Mardônio e o inédito plebiscito que seria realizado em Ferros, no qual votariam inclusive analfabetos.[180] Órgãos de imprensa da capital e até mesmo do Rio de Janeiro (*Jornal do Brasil*) destacaram a suposta preferência esmagadora dos ferrenses pela "igreja moderna". Chegou-se, inclusive, a proclamar o resultado do plebiscito como um fato consumado:

> FERROS: POVO DIRÁ "SIM" À IGREJA MODERNA
>
> Quatro mil pessoas, aproximadamente, na cidade de Ferros (Vale do Rio Doce), vão, no próximo domingo, das 9 às 21 horas, dar o seu voto, em verde ou vermelho, à construção de uma igreja moderna na cidade, num plebiscito ainda inédito em todo o mundo. [...]
>
> No domingo passado, Padre Francisco Lage e seu irmão Padre James Lage estiveram em Ferros, ajudando a preparar o plebiscito que deverá acontecer no domingo vindouro, quando celebraram quatro missas expondo aos fiéis o verdadeiro sentido da nova igreja.
>
> Conversaram com o povo, justificaram o projeto e chegaram depois à seguinte conclusão: nada menos de 90% da população de Ferros está entusiasmada e é partidária da igreja moderna, o que quer dizer que os votos verdes vão ter preferência.[181]

Outros representantes da Igreja católica em Belo Horizonte, como Frei Martinho Burnier, também se encarregaram de divulgar o plebiscito e entrar na discussão, assumindo claramente no jornal *O Diário* uma posição favorável à nova igreja:

> Mardônio tem fé, e fé bastante para impregnar suas concepções arquitetônicas religiosas daquele espírito de que se devem impregnar os fiéis quando se reúnem num local sagrado para rezar e oferecer, com a Igreja, o sacrifício Eucarístico.
>
> Além do mais, esteticamente, a Igreja ficará linda. Com linhas sóbrias e ao mesmo tempo eloqüentes. Há uma sobriedade na simplicidade que dá eloqüência e calor às linhas. E isso Mardônio soube dar na concepção da Igreja, que deseja construir em Ferros, em honra da Senhora Sant'Ana.

---

[180] Cf. LEÓN. *Binômio*, p. 8, 6 fev. 1961; POVO... *Binômio*, p. 4, 13 fev. 1961; COM VOTOS... *Jornal do Brasil*, fev. 1961; EM PLEBISCITO... *O Diário*, p. 6, 1 mar. 1961; FERROS:... *Última Hora*, p. 1 e 9, 3 mar. 1961.

[181] FERROS:... *Última Hora*, p. 1 e 9, 3 mar. 1961.

> [...] Acho que o Padre Laje e o Padre James assim como o Mardônio podem dormir tranqüilos até domingo – não duvido de que o povo católico de Ferros saberá colocar a cédula verde para que possam receber, com alegria e entusiasmo, o grande presente que lhes será dado com a nova Igreja de Sant'Ana.[182]

A ampla mobilização da comunidade ferrense residente em Belo Horizonte foi outro meio utilizado para fortalecer a campanha em favor do projeto de Mardônio. Organizou-se uma verdadeira comitiva de "filhos pródigos" simpáticos à renovação, dispostos a invadir sua cidade natal na data do plebiscito e convencer definitivamente todos aqueles que ainda relutavam em se posicionar ao lado da tradicional Matriz de Sant'Ana:

> A colônia de Ferros, em Belo Horizonte, está sendo também trabalhada pelos líderes do movimento, que esperam levar muitos ferrenses a Ferros, no próximo domingo, para dar o seu voto. Aos que não podem, Padre Lage está pedindo que votem através de telegramas enviados ao pároco dizendo se votam pelo verde ou vermelho.
>
> Todos os preparativos estão sendo ultimados para a saída dos dois ônibus especiais, no próximo sábado, levando ferrenses e jornalistas (com tudo pago) para fazerem a cobertura desse acontecimento, ainda inédito no mundo. Muitos, entretanto, irão em carros particulares, pois o povo de Ferros muito entusiasmado pela idéia, quer dar uma grande festa pela comemoração da nova igreja que pretendem oferecer à cidade.[183]

Por outro lado, toda a controvérsia em torno do plebiscito teria sido capaz de fomentar ainda mais a movimentação que já se esboçava entre parte da juventude de Ferros e daqueles jovens que, por diversas razões, não mais residiam naquela cidade, tendo se transferido para Belo Horizonte. Se a ideia de Padre Lage de se construir uma espécie de "clube de ferrenses" na capital mineira[184] acabaria não indo adiante,

---

[182] BURNIER. *O Diário*, p. 6 e 12, 2 mar. 1961.

[183] FERROS:... *Última Hora*, p. 1 e 9, 3 mar. 1961.

[184] "Padre Lage, um dos que encabeçam o movimento, acredita também que este movimento vitorioso é um caminho aberto para a construção, em Belo Horizonte, da

O fato é que a partir daí a intenção de se fundar um jornal em Ferros tomou corpo e efetivou-se.

Com a finalidade de cobrar das autoridades competentes todas as demais medidas necessárias para a efetivação de uma nova era na cidade, o jornal *Ferros* seria lançado exatamente no dia da consulta popular. Tratava-se de aproveitar, por certo, todo o clima de otimismo e renovação que invadia – juntamente com o plebiscito e com a virtual construção de uma igreja moderna – aquele pequeno pedaço da "Minas tradicional". Boa parte de seus colaboradores era composta por jovens ferrenses que se viram impedidos de continuar morando em sua cidade natal, dada a carência de perspectivas ali oferecidas. Continuavam, contudo, mantendo um vínculo afetivo bastante forte com o local – graças aos laços familiares e de amizade – e se sentiam profundamente incomodados com insistência daquela comunidade em se manter indiferente à promessa de modernização que já caracterizava o horizonte de expectativas da população brasileira há um bom tempo.

> Cidade perdida no mapa, jogada por acaso num vale qualquer, nasceu por nascer.
>
> A estreiteza de seu horizonte visual, as montanhas barrando-lhe os sonhos de expansão, o frio cortante do inverno, o calor sufocante do verão, o temor das enchentes, tudo trama contra ela.
>
> E a impossibilidade de vermos além das montanhas tão próximas, tão agressivas, caindo abruptas sobre o casario pobre e velho, minado pelo descuido e pelo cupim, as ruas tortuosas e irregulares, penetrou fundo na alma do povo.
>
> O acidente geográfico tornou-se em complexo, caindo impiedoso sobre as mentes de nossos homens de recursos, tolhendo-lhes a visão do futuro, cerceando-lhes o espírito de iniciativa...
>
> E o horizonte visual, estreito e curto, dos olhos passou às almas.[185]

Entre os diretores do jornal em Belo Horizonte destacavam-se Ildeu da Silveira e Silva e Antônio Aluízio Gonçalves. O primeiro

---

Casa de Ferros, que congregaria toda a colônia ferrense da Capital". Cf. POVO... *Binômio*, p. 4, 13 fev. 1961.

[185] GONÇALVES. *Ferros*, p. 1, 15 abr. 1961.

trabalhava no ramo gráfico e preparava-se para o vestibular do curso de Direito, em Belo Horizonte. O segundo, recém-ingressado no movimento estudantil da capital (União Municipal dos Estudantes Secundaristas de *Belo Horizonte* – UMES-BH), não tinha aderido formalmente ao Partido Comunista, mas tratava seus primeiros contatos com a célula presente no movimento dos bancários (Armando Ziller, Waldemar Canoa, entre outros). Apesar de nunca terem se envolvido diretamente nas disputas políticas em Ferros, consideraram a atuação através do jornal uma boa oportunidade para colaborar à distância com o desenvolvimento daquela cidade:

> A idéia do jornal surgiu do sentimento predominante na época de que os jovens tinham que fazer alguma coisa para transformar o país e o mundo. Lembrar-se das lideranças jovens de então: Fidel Castro, Kennedy, J.K., Brizola, Jânio Quadros, entre outros. E o "velho" jovem João XXIII.
>
> Havia um sentimento local de que os jovens deviam fazer "alguma coisa". Esse sentimento não tinha envolvimento político-partidário explícito, mas predominava no grupo, como é natural entre jovens, o sentimento de oposição.[186]

José Virgílio Gonçalves, por sua vez, era a principal figura do grupo residente em Ferros. Destacava-se na comunidade local graças à atuação como farmacêutico, representando muitas vezes o único atendimento possível aos moradores com algum problema de saúde. À época, ainda não havia ingressado na política partidária, tendo mais tarde assumido a liderança do diretório municipal do Partido Trabalhista Brasileiro (PTB):

> De minha parte, confesso-me, não sentia a menor atração pelas idéias comunistas, gostava, sim, era do socialismo cristão, o que me levava ao Padre Lage. Ouvia, sempre, o programa do Brizola pela Rádio Mayrinck Veiga do Rio, achava-o politicamente correto na conscientização e mobilização populares, jamais, entretanto, concordei com ação terrorista.[187]

---

[186] GONÇALVES, Antônio Aluízio. Depoimento escrito concedido em maio de 2002.
[187] GONÇALVES. *Manuscrito*, p. 16.

Orientações políticas diferentes não impediram, contudo, a convergência desses jovens em nome da cobrança de um projeto de modernização para aquela pequena cidade. E foi em nome dessa modernização que o jornal *Ferros* alinhou-se de imediato à campanha pela nova Matriz, assumindo um caráter até mesmo panfletário em sua primeira edição, como será visto.

O plebiscito: "Para o progresso de Ferros, vote verde!"

> *A velha cidade que dormiu cem anos acorda.*
> *Acorda novíssima, com um acontecimento inédito. Um plebiscito, através do qual o povo escolhe o estilo da sua nova Matriz. [...].*
> *O plebiscito de Ferros não foi a votação do projeto de uma igreja.*
> *O plebiscito foi a data natalícia de uma nova Ferros. Esse aniversário merece ser comemorado no espaço e no tempo.*[188]

O dia amanheceu cinzento. Todos os esforços empregados na organização do plebiscito pareceram, por um instante, ameaçados pela chuva fina que teimosamente acordara com a cidade. A praça já estava, é bem verdade, preparada de antemão para o evento, e bem defronte à velha Matriz de Sant'Ana as três cabines responsáveis por proteger as urnas lacradas – cedidas pelo Tribunal Regional Eleitoral – completavam o cenário que a tudo lembrava um dia de eleições. Faixas e cartazes afixados nas imediações estampavam mensagens destinadas a convencer a população a referendar ou rejeitar o moderno projeto de Mardônio Guimarães: "Verde é a cor da esperança. Vote em verde"; "Para o progresso de Ferros vote verde" – defendiam os partidários do novo. "Igreja não é casa de joão-de-barro! Vote em vermelho"; "Ferros com a tradição. Vote em vermelho" – respondia a propaganda dos opositores.[189]

---

[188] LAGE. *Ferros*, p. 3, 23 mar. 1961.
[189] Cf. DIAS. *O Diário*, p. 5, 7 mar. 1961; SANTAYANA. *Estado de Minas*, p. 8, 7 mar. 1961.

Pouco a pouco foram aparecendo os primeiros fiéis, interessados em assistir às concorridas missas de domingo e conferir a movimentação na cidade. As crianças eram as mais animadas, talvez por não terem participado da noitada anterior na qual uma serenata embalara até mais tarde ferrenses e visitantes, saudando o dia da votação da nova Matriz,[190] mas, certamente, porque também teriam a oportunidade de participar do plebiscito, vendo sua opinião infantil assumir o mesmo peso que o posicionamento dos adultos pelo menos naquela votação (algo inédito na trajetória daqueles meninos e meninas). Completamente envolvidas pela agitação que invadira a cidade e em sua grande maioria favoráveis à igreja moderna, as crianças começaram logo cedo a cantar *jingles* e paródias especialmente elaboradas para aquele dia. No ritmo de *Frère Jacques* entoavam, com entusiasmo: "Ó ferrenses, ó ferrenses, vamos votar, vamos votar. Votemos no verde, votemos no verde, que vai ganhar, que vai ganhar!...". Cantavam, ainda: "Uma igreja majestosa com o verde vamos ganhar e a nossa padroeira muito contente há de ficar". Ou então: "O grande mestre Mardônio, na inspiração divinal, sonhou soberbo traçado de uma planta genial."[191]

A pé, a cavalo ou de carro chegavam aos poucos à praça os habitantes dos distritos e da zona rural, convidados dias antes a participar da votação durante as missas e também pelos alto-falantes dos jipes que percorreram todo o município divulgando o dia da consulta popular.[192] E a praça da antiga Matriz foi se enchendo de gente, apesar do clima chuvoso.

Findas as primeiras missas do dia, e iniciados os trabalhos da votação, o arquiteto Mardônio Guimarães, acompanhado dos três párocos presentes na cidade para aquele evento (James Lage, Franscisco Lage e José Casimiro), buscava ainda esclarecer aos católicos os princípios orientadores do novo projeto, bem como a caravana de repórteres encarregados de cobrir o evento. Em sua justificativa,[193] contudo, não se

---

[190] Cf. MARTELADAS... *Ferros*, p. 3, 23 mar. 1961.

[191] Cf. DIAS. *O Diário*, p. 5, 7 mar. 1961; SANTAYANA. *Estado de Minas*, p. 8, 7 mar. 1961.

[192] Cf. SANTAYANA. *Estado de Minas*, p. 8, 7 mar. 1961; MATRIZ... *Jornal do Brasil*, p. 8, 8 mar. 1961; UMA CIDADE... *O Cruzeiro*, p. 22-3, 27 maio 1961.

[193] Cf. GUIMARÃES. *Entrevista concedida ao Jornal Estado de Minas*, 5 mar. 1961; VEIGA. *Diário de Minas*, p. 7, 14, 7 mar. 1961; FIDELIDADE... *O Diário*, p. 6, 7 mar. 1961.

limitou a apresentar argumentos favoráveis à sua maquete (decorrentes das concepções próprias do Movimento Litúrgico), deixando bastante clara também a sua opinião – por certo coincidente com a dos padres que o acompanhavam – sobre igrejas típicas do interior mineiro, como a velha Matriz de Sant'Ana, que estariam mais sintonizadas com a devoção popular que com as exigências do ritual católico propriamente dito:

> Sua igreja matriz, de cuja substituição cogita-se no momento, face ao estado precaríssimo e também por não ser uma obra de valor, situa-se, felizmente, num ponto de destaque natural, autorizando-nos, portanto, prever a sua demolição, para o aproveitamento do terreno com a nova obra, aliás o único existente que não depende de gastos elevadíssimos com terraplanagens. [...] É bom que se diga que, malogradamente, *[a] fidelidade aos requisitos funcionais tem sido espantosamente descurada na grande maioria dos projetos, observando-se mesmo verdadeiras inversões de valores na hierarquia tão bem definida pela liturgia*. O espaço que a arquitetura pretende aqui ordenar deverá constituir-se num ambiente de recolhimento e de silêncio, harmonizando-se seus elementos arquitetônicos de forma a CONCENTRAR e NÃO DISPERSAR a atenção dos fiéis para os ofícios divinos. [...] O interior da igreja deverá ser concebido de forma que a atenção dos fiéis se deposite na mesa do sacrifício, deferindo-se maior nobreza ao santuário, seja por um destaque de forma, seja por uma iluminação mais acentuada. O altar, por sua vez, em se tratando de uma peça onde os elementos essenciais são simplesmente a mesa, a cruz de madeira, o tabernáculo e os seis candelabros, deverá ficar protegido de qualquer interferência com outros trabalhos decorativos que possam roubar-lhe a dominante plástica no santuário, reputando-se proibitiva a presença de imagens sobre a mesa bem como inconvenientes as pinturas figurativistas ou estátuas que se postem dentro do cone visual que o envolve. *É preciso extinguir-se de uma vez o abuso de fazer-se das igrejas um verdadeiro museu de devoções, que só serve para desvalorizar a presença de Deus, bem como os ofícios levados à sua glória* (grifo nosso).[194]

Mardônio também tentou demonstrar os motivos que o levaram ao "estilo moderno", deixando clara a consonância entre a proposta dos arquitetos modernistas e os princípios defendidos pelo Movimento

---

[194] GUIMARÃES. *Entrevista concedida ao Jornal Estado de Minas*, 5 mar. 1961.

Litúrgico quanto à organização ideal para os templos católicos (o cristocentrismo). Segundo o arquiteto, a igreja de Ferros deveria ser

> Expressiva dos sentimentos de simplicidade, dignidade e pobreza, isto é, desataviada de tudo que não é essencial, de todo ornamento estéril, onde as linhas e volumes, concebidos da forma mais pura, desempenhassem em si mesmos a função decorativa.[195]

Dessa forma, apenas um edifício modernista seria capaz de satisfazer plenamente tais exigências, o que justificaria sua construção. Além disso, propor uma igreja no mesmo estilo da velha Matriz seria abrir mão da autenticidade artística, representando "um absurdo cerceamento da capacidade criadora humana, numa deplorável esterilidade das próprias formas de louvor àquele que é antes de tudo o supremo Criador".[196]

Quanto à explicação pormenorizada sobre a concepção da nova Matriz de Ferros, são palavras do arquiteto:

> Com o auxílio de um plano vertical avançado da fachada, nascido da articulação da própria laje do forro que se prolonga para fora, foi projetado um pórtico que servirá de proteção ao povo no acesso à nave. Neste pórtico, numa abertura assimétrica, previu-se a colocação da imagem da padroeira, de forma que sua observação far-se-á de ambos os lados. Esta posição externa da imagem foi adotada em resposta ao nosso intuito de não estabelecer, internamente, qualquer conflito de atenções entre a mesma e o altar, que deve permanecer como o centro de gravitação do olhar dos fiéis. O plano de vedação da fachada principal sofreu um desdobramento em retângulos verticais, separando-se apenas por vitrais delgados e o campanário, nascido de um destes módulos de alvenaria, eleva-se acentuadamente, vazando-se no alto para a instalação dos sinos. A grande cruz externa, levemente destacada de sua face, eleva-se ainda mais, coroando o conjunto com os braços já inteiramente livres. As paredes laterais foram tratadas de forma original: têm uma convergência em favor do santuário e suas janelas, a fim de se evitar a monotonia das composições cadenciadas, foram dimensionadas para alturas e larguras variadas, segundo uma composição rítmica de forma a enriquecer a

---

[195] FIDELIDADE... *O Diário*, p. 6, 7 mar. 1961.

[196] FIDELIDADE... *O Diário*, p. 6, 7 mar. 1961.

decoração do interior. Esta decoração se completa com aplicação de vitrais coloridos, tratados com formas abstratas.[197]

Nas ruas, entretanto, a polêmica assumia outros termos, muito diferentes daqueles utilizados pelo arquiteto e pelos párocos. No lugar de debates sobre concepções litúrgicas e de uma defesa calorosa sobre princípios norteadores a serem adotados pela arquitetura religiosa contemporânea, o que se via era uma grande discussão entre os que não desejavam a destruição do antigo templo – dado o seu valor sentimental – e aqueles que defendiam incondicionalmente a construção de uma "igreja moderna" em Ferros, em nome do progresso:

> O grupo "vermelho", pequeno em número, mas de larga influência na vida da cidade, argumentava com a tradição e o sentimento popular. Na velha igreja consagrada a Senhora Santana, todos os seus habitantes se batizaram e a maioria se casou; em sua nave encomendaram-se as almas dos que se foram antes. Queriam os ortodoxos que, se impossível a recuperação da igreja, outra se edificasse, mas em obediência ao estilo antigo. E que se continuasse guardando, no interior da igreja, as mesmas imagens, nos mesmos nichos. Os "verdes" opunham a essa exigência o sopro de novos tempos. Ferros não poderia ficar presa ao passado e perder a corrida para outras comunas, mais jovens e ricas. Uma nova igreja – diziam em termos simples – seria a motivação para um rápido desenvolvimento econômico e social.[198]

Tal era o antagonismo entre os dois grupos, aliás, que o significado da opção vermelha acabou se transformando na visão dos moradores da cidade. Inicialmente, o plebiscito se referia apenas à aprovação ou rejeição da "igreja moderna", razão pela qual as cores escolhidas foram o verde e o vermelho, seguindo a convenção dos sinais de trânsito. Nada estaria sendo decidido, portanto, sobre o destino reservado à antiga Matriz de Sant'Ana caso o projeto de Mardônio fosse rejeitado. Para a maioria dos ferrenses, contudo, a opção "vermelha" passou a significar não apenas a reprovação daquele projeto, como também a opção pela reforma do velho edifício, preservando o máximo possível sua forma

---

[197] VEIGA. *Diário de Minas*, p. 7 e 14, 7 mar. 1961.
[198] SANTAYANA. *Estado de Minas*, p. 8, 7 mar. 1961.

original. Se após avaliação técnica fosse constatada a impossibilidade de o templo ser integralmente recuperado, que no máximo se edificasse outro prédio no mesmo estilo e ali se recolocasse tudo – retábulos, imagens, mobiliário – em seu "devido lugar". Ao que parece, a certeza da vitória era tão grande entre o grupo organizador do plebiscito – bem como o receio de negar aos fiéis a opção pela reforma – que se achou por bem não contestar essa mudança fundamental operada no teor das opções propostas à consulta popular, aceitando-se a nova situação.

A confiança na vitória vinha, por sua vez, das sondagens feitas anteriormente entre a população e do enorme clima de entusiasmo verificado na cidade em torno da "igreja moderna". E, de fato, com o início da votação ficava cada vez mais evidente a grande superioridade numérica do grupo favorável ao projeto de Mardônio, assim como a sua maior capacidade de persuasão.

O argumento de que a construção da nova Matriz representaria o início de uma nova era na cidade – e de que os opositores estavam na verdade assumindo uma posição retrógrada – conseguiu dissuadir muitos daqueles que, apesar do receio de se posicionarem contra o pároco da cidade, ainda se mantinham ao lado da antiga Matriz. E a campanha entusiástica da juventude ferrense, potencializada pelo jornal lançado no dia do plebiscito, acabou sendo responsável pela ampliação do apoio ao grupo dos "verdes".

> A disputa foi sensacional. O jornal "Ferros", lançado no domingo, muito colaborou para a vitória daqueles que propugnavam pela construção moderna. Entrou em ação a favor do projeto de Mardônio Guimarães criticando os opositores, dizendo que "aqueles que eram contra a construção da moderna igreja estavam também contra o progresso da cidade". [...] Dizem que, depois de construída a moderníssima igreja e reconstituídos, em capelas junto da Matriz, os passos da Paixão de Cristo, Ferros será uma cidade de turismo, que reunirá o presente e o futuro.[199]

O último órgão de imprensa da cidade de Ferros tinha sido fechado ainda nos anos 1920. O novo jornal, lançado exatamente no dia do plebiscito, ressaltava em sua apresentação a importância da imprensa

---

[199] VEIGA. *Diário de Minas*, p. 7, 7 mar. 1961.

livre na consolidação democrática e o fato de que este não assumiria cores partidárias no exercício político da busca pelo bem comum. As críticas ali formuladas seriam sempre construtivas, evitando "o ódio, a camaradagem e a indiferença". Na coluna "sem compromisso", por exemplo, os ferrenses teriam "o direito de reclamar ou sugerir providências a serem tomadas pelo executivo municipal". Suas páginas destacavam, ainda, "o decantado comodismo ferrense", equiparando-o a um "fenômeno ecológico", e apelavam para que o novo jornal fosse um instrumento para romper o marasmo e o silêncio da cidade:

> Ferros cala-se entre montanhas, como se meditasse longamente, profundamente, às margens do Santo Antônio. Cala-se, o tempo escorre sobre o seu silêncio e ela, a minha cidade, flui com o tempo, no desgaste de suas casas, no suceder-se das gerações de seus filhos. Cala-se e quem cala não se faz ouvir.[200]

Mas o tema principal abordado no primeiro número não poderia deixar de ser a polêmica em torno da construção de uma Matriz moderna em Ferros. Ressalta-se, então, a luta de Pe. José pela instalação da antena de TV na cidade, seu empenho atual em construir uma praça de esportes e vaticina-se, antes mesmo do plebiscito, e, em tom de fato consumado, que o padre "quis Sant'Ana em Casa nova, e vai dar à Padroeira um palácio na moda". Mais adiante, na seção "Luzes da Ribalta", proclama-se a esperança de que a resistência à mudança começaria a fraquejar ante os símbolos de uma nova época que já se vislumbrava na cidade:

> Já possuímos o Clube Bossa-Nova. É uma realidade palpável. Desafio aos incrédulos e comodistas. Para muitos Ferros não precisa de um clube. [...]
>
> E a televisão? Não, Ferros não "comporta" televisão, ainda é muito cedo para isto. [...] No entanto, todavia, contudo, apesar de que, a televisão existe. Parece mentira! Em Ferros?... Mas existe. [...]
>
> E a Igreja nova? Não, a planta é muito moderna para a cidade. É muito bonita mas não assenta para Ferros. [...]
>
> Porque é que nada assenta para Ferros? Assenta sim, e muito bem:

---

[200] ASSUNÇÃO. *Ferros*, p. 2, 5 mar. 1961.

a INÉRCIA. Mas já estamos saindo da inércia. Já temos um clube, televisão, e teremos também a Igreja moderna, para gáudio nosso. Esta "onda de que não assenta não "cola". Vamos esperar o plebiscito. Vivemos na democracia...[201]

Reforçando sua campanha aberta em favor do voto verde, a última página do jornal trazia, em destaque, a pergunta feita por D. Oscar de Oliveira para justificar a construção da nova Matriz: "Se os antigos criaram, por que também não o podemos nós?". Seguia-se uma reprodução da maquete de Mardônio, acompanhada das opiniões entusiasmadas do próprio D. Oscar, do Deputado Lúcio Souza Cruz, de Padre Lage e do jornalista Roberto Drummond sobre o projeto. Esses dois últimos afirmavam, respectivamente:

> Deus é grande e santo, mas quis conviver conosco, em uma Casa feita por nossas mãos, por mãos dos homens de hoje, que vivem bem dentro do tempo de hoje. Ferros é uma cidade de espírito novo, precisa ter uma igreja moderna, que dê bem notícia do que é nosso berço.[202]

> Conheço bem o nosso povo e isso me leva à certeza de que a Igreja moderna sairá vitoriosa no vereditum. [...] A nova Matriz será o símbolo de uma nova época para Ferros, a época de um progresso maior e merecido, que aguardamos há anos.[203]

E a votação transcorreu normalmente até as 17 horas daquele agitado domingo. Não fosse pela presença maciça de crianças e analfabetos nas filas de votação que se formaram em frente às três urnas e pelo uso de cédulas coloridas na votação, em nada se teria diferenciado dos pleitos oficiais. Logo após a identificação, assinava-se a folha de votação (fazia-se um sinal, no caso dos analfabetos) e recebia-se um envelope rubricado, com o qual o eleitor se dirigia à cabine de votação. Devidamente amparado pelo sigilo, ele escolhia a cédula de sua preferência (verde ou vermelha), inserindo-a no envelope. Depositava, em seguida, o seu voto na urna lacrada.[204]

---

[201] LUZES... *Ferros*, p. 2, 5 mar. 1961.

[202] SE OS ANTIGOS... *Ferros*, p. 4, 5 mar. 1961.

[203] SE OS ANTIGOS... *Ferros*, p. 4, 5 mar. 1961.

[204] Cf. DIAS. *O Diário*, p. 5, 7 mar. 1961; SANTAYANA. *Estado de Minas*, p. 8, 7 mar. 1961; MINAS... *Última Hora*, p. 5, 8 mar. 1961.

A vitória esmagadora da opção verde apenas confirmaria algo já bastante previsível desde a chegada da equipe da TV Itacolomi a Ferros, algumas semanas antes. Contados os votos, em apuração devidamente fiscalizada ocorrida no Fórum da cidade, 3.590 envelopes com cédulas verdes, 68 com cédulas vermelhas e 22 vazios selaram a aprovação maciça do projeto de Mardônio Guimarães, bem como da demolição do antigo templo: "Conhecido o resultado, o povo saiu para as ruas, soltando foguetes e comemorando a vitória. Com o referendo, Ferros tornou-se notícia na imprensa mundial e ganhou uma igreja moderna".[205]

A ampla mobilização de uma parcela até certo ponto reduzida da população de Ferros acabou por influenciar quase toda a cidade na decisão favorável ao verde. O fato de boa parte das crianças maiores de sete anos votarem no plebiscito também teria pesado bastante no resultado final. Os mais velhos, por sua vez, acabaram se dividindo entre optar pela preservação da Matriz – ainda que assumindo uma posição evidentemente minoritária e de antagonismo em relação ao estimado pároco de Ferros – ou apenas confiar na orientação de Padre José Casimiro, apesar do imenso desgosto por condenar o templo à destruição:

> Fatos pitorescos e humanos se registraram. Uma beata popular na cidade, e que é profundamente religiosa, até mesmo no nome (chama-se Fé Esperança e Caridade...) depois de votar, olhou com os olhos cheios de saudade antecipada, e comentou com o vigário:
> – "É, agora nós vamos desmanchar a igreja. Vamos desmanchar chorando. Mas a gente vai chorando e desmanchando, chorando e desmanchando..."[206]

Para Padre Lage, contudo, ainda melhor que o resultado do plebiscito foi a sua repercussão na imprensa. A iniciativa de se levar diversos jornalistas gratuitamente para cobrir o plebiscito superou por certo as expectativas, e sua intenção inicial de divulgar ao máximo o evento foi totalmente bem-sucedida. Nos jornais elogiava-se a maneira pela qual

---

[205] MINAS... *Última Hora*, p. 5, 8 mar. 1961.
[206] SANTAYANA. *Estado de Minas*, p. 8, 7 mar. 1961.

a cidade havia resolvido um importante impasse, sendo um exemplo a ser seguido: "O plebiscito foi a solução para o problema. Solução ideal, que deveria ser adotada também pelas autoridades civis, sempre que estivesse em jogo o interesse comum".[207]

Diversos órgãos deram especial atenção à participação dos analfabetos e à viabilidade de sua incorporação no jogo democrático. Por exemplo, enquanto o jornal *Última Hora* destacava, no título de sua matéria, "Minas dá exemplo: analfabeto já vota", em *O diário* estampava-se a dúvida:

> Para os analfabetos também foi novidade o comparecimento às urnas. Muitos deles diziam que o plebiscito poderia vir a representar um argumento a favor de sua inscrição como eleitores nos pleitos normais. Se podem votar para decidir entre dois estilos – disseram – porque não poderão escolher entre dois nomes?[208]

O plebiscito de Ferros foi a matéria de capa dos principais jornais da capital mineira nas edições do dia 7 de março de 1961. Ilustradas por diversas fotografias, as matérias destacavam a "festa democrática" ocorrida naquela típica comunidade do interior mineiro e o entusiasmo dos católicos em participar de uma decisão que interessava a todos. Invariavelmente favoráveis aos "modernos", os repórteres afirmavam, ainda, a falta de valor artístico da antiga Matriz, justificando, portanto, a pertinência da demolição.

> A velha Matriz de Sant'Ana está realmente em péssimo estado. Construída em fins do século passado, não tem nenhuma importância do ponto de vista artístico. De valor, algumas imagens dos "passos" que teriam sido feitas pelos escravos do Irmão Lourenço, fundador do Caraça, e compradas por uma ninharia em 1880. Há ainda uma imagem de Nossa Senhora, que se diz ter sido levada para a cidade pelos bandeirantes que a fundaram, às margens do Rio Santo Antônio.[209]

Tal foi a divulgação do plebiscito que, dias depois, a Assembleia Legislativa registraria em suas atas as congratulações ao povo ferrense

---

[207] DIAS. *O Diário*, p. 5, 7 mar. 1961.

[208] DIAS. *O Diário*, p. 5, 7 mar. 1961.

[209] DIAS. *O Diário*, p. 5, 7 mar. 1961.

por sua realização. A notícia se espalhou até mesmo por publicações de outros estados, ganhando as páginas centrais da principal revista da época, *O Cruzeiro*.

Mas, a partir da aprovação do projeto de Mardônio, nem tudo ocorreria como Padre Lage e seu grupo esperavam. A repercussão do plebiscito trouxe consigo também a notícia de que a antiga Matriz de Sant'Ana dos Ferros seria destruída, o que acabou por causar fortes reações na capital mineira.

Augusto de Lima Júnior e as reações à dissolução da "tradicional paisagem mineira"

Poucos dias após a decisão de se demolir a antiga Matriz de Ferros, vozes contrárias começaram a surgir na capital. O primeiro a se posicionar publicamente contra as intenções de Padre Lage e seu grupo foi Augusto de Lima Júnior, que em carta aberta ao Arcebispo Dom Oscar de Oliveira, divulgada pelo jornal *Estado de Minas*, não apenas repudiava a ideia da demolição como também atacava o projeto de Mardônio Guimarães, por não seguir os princípios fundamentais da arquitetura religiosa católica:

> Respeitosamente, perante V. Exa. Revma. venho protestar contra a anunciada demolição da velha igreja de Sant'Ana dos Ferros, construída em 1786 pelos frades capuchinnos missionários, e que faz parte da paisagem mineira que devemos preservar a todo o custo. A planta publicada da "nova suposta igreja", longe de ser moderna, é um tipo caldaico-assírio; velho de seis mil anos e despida dos temas da milenária arte cristã, que fazem do templo uma oração sob forma material. Tais arcaísmos enfeitados de modernismo reduzem nossa terra a uma paisagem da Mesopotâmia. Pela imprensa, irei demonstrar a identidade deste templo com o palácio de Korsabad da Assíria, que foi também de "estilo moderno de seis mil anos...".[210]

Augusto de Lima Júnior, como Padre Lage, também era figura bastante conhecida nos meios jornalísticos de Belo Horizonte e do Rio de Janeiro. Foi fundador, em 1927, do jornal *Diário da Manhã*,

---

[210] LIMA JÚNIOR. *Estado de Minas*, p. 8, 12 mar. 1961.

que mais tarde daria origem ao *Estado de Minas*. Antes disso, contudo, havia frequentado o curso de humanidades do Colégio Salesiano Dom Bosco, em Cachoeira do Campo, formando-se em seguida pela Faculdade de Direito de Minas Gerais, em 1909. Transferiu-se para o Rio de Janeiro no ano seguinte, onde assumiu o posto de capitão do Exército, exercendo as funções de auxiliar de Auditor de Guerra. Em 1930 foi promovido a coronel-auditor e cinco anos mais tarde se transferiu para a Marinha de Guerra, no cargo de Procurador do Tribunal Marítimo.[211]

Àquela época pertenceu ao círculo dos oficiais-generais, quando aprofundou seu contato com Gustavo Barroso e com o movimento integralista[212]. Gustavo Barroso, ativista do integralismo desde 1933, foi também – como vimos na primeira parte deste trabalho – o fundador, em 1934, do primeiro órgão responsável pela defesa do patrimônio histórico no Brasil, a "Inspetoria de Monumentos Nacionais" (parte integrante do Museu Histórico Nacional).

Contudo, Augusto de Lima Júnior já havia colaborado com Gustavo Barroso no campo do patrimônio histórico antes mesmo da fundação daquela Inspetoria, que durante três anos esteve restrita à fiscalização em Ouro Preto de algumas obras, sem qualquer apoio dos cofres federais. Foi um dos responsáveis pelo tombamento de Ouro Preto como cidade-monumento nacional, por decreto de Getúlio Vargas em 1933, pela criação do Museu da Inconfidência e o idealizador da cerimônia de entrega da "Medalha da Inconfidência".

É o próprio Gustavo Barroso quem destaca o papel decisivo de Augusto de Lima Júnior quando ainda não se havia despertado a sensibilidade dos brasileiros em relação ao "*culto de sua saudade*". Em relato de certa viagem feita ainda em agosto de 1926 a Ouro Preto, destaca:

> [...] em companhia do saudoso Capitão Pedro Gomes e de mais alguns oficiais do Exército e da Marinha, fiz enternecida visita de

---

[211] Cf. AUGUSTO... *Revista do Instituto Histórico e Geográfico de Minas Gerais*, 1962. p. 384-6..

[212] Cf. LIMA JÚNIOR. O espírito integralista da Inconfidência Mineira. In: *Enciclopédia Integralista*, v. 3, 1960. p. 85-8.

três dias a fio à abandonada cidade de Ouro Preto. Levara-nos a essa romaria e nela nos servira de agradável cicerone o Dr. Augusto de Lima Júnior. [...] Soturna, recolhida, triste, a cidade como que adormecera no fundo do passado. Sua Prefeitura parecia guerrear a tradição. Casas, templos, pontes, chafarizes caíam em ruínas. [...] No Regresso ao Rio, no vagão especial em que viajamos, Pedro Gomes, Augusto de Lima e eu assentimos ser necessário e urgente trabalhar pela defesa daquele patrimônio que se esfacelava. A mim, como único elemento oficial então encarregado da guarda das relíquias da Pátria, caberia a ação junto aos poderes públicos. Pedro Gomes conseguiria o apoio do Ministro da Guerra, de cujo gabinete fazia parte. Augusto de Lima poria a sua pena a serviço da tradição e da história. O que foi o trabalho de Augusto de Lima di-lo a triunfal visita do Ministro da Marinha a Vila Rica e Mariana, anos depois, levando o Decreto que tornava a velha cidade Monumento Nacional e que o escritor conseguiria obter do espírito de compreensão do Presidente Getúlio Vargas.[213]

Como já foi mencionado, apesar de toda a atuação de vanguarda do grupo liderado por Gustavo Barroso no cuidado com as edificações e os monumentos de Ouro Preto, a fundação do SPHAN em 1936 por Gustavo Capanema representaria uma guinada completa na gestão federal do Patrimônio, iniciando-se uma longa hegemonia exercida pelos modernistas naquele campo.

Augusto de Lima Júnior foi colaborador de diversos periódicos do Rio de Janeiro, como o *Jornal do Comércio*, *A Noite*, *A Gazeta de Notícias*, *Jornal do Brasil*, *Correio da Manhã*, e do próprio *Estado de Minas*, em Belo Horizonte. Publicou diversos trabalhos, entre romances, estudos religiosos e ensaios históricos, a partir dos quais se torna possível apreender algumas matizes do seu pensamento.

Segundo o autor, o catolicismo teria sido o principal elemento responsável por transformar "bandos de aventureiros selvagens num corpo civilizado e capaz de uma ordem jurídica" e criar em Minas Gerais "um padrão de comunidade humana mais elevado do que em qualquer outra parte do Brasil".[214] A arte dos templos mineiros, por sua

---

[213] BARROSO. *Anais do Museu Histórico Nacional*, 1943. p. 580.
[214] LIMA JÚNIOR. *Arte religiosa*, 1966, p. 73-8.

vez, teria seguido uma direção uniforme, disseminada anonimamente pelos franciscanos tanto nos maiores centros urbanos como nos mais isolados arraiais. Além de corresponder às práticas religiosas próprias do devocionário mineiro, como o "uso do Terço, do presepe familiar, das velas ao pé das cruzes pelas almas do Purgatório, novenas da Boa Morte, etc.", a arquitetura religiosa dos Frades Menores e Capuchinhos italianos teria influenciado bastante o estilo das demais edificações coloniais em Minas.[215] Para Augusto de Lima Júnior, a atuação dos franciscanos foi de grande importância na configuração de uma paisagem que expressava nitidamente o legado cultural da civilização latina na formação da identidade nacional brasileira:

> A arquitetura mineira foi, pois, o mais adiantado arranco dessa arte opulenta que Portugal e a Itália, com seus Frades Capuchinhos, derramaram pelas terras do mundo. Foi essa a última etapa do estilo barroco, e coube a Minas dar-lhe remate numa distante colônia, onde arquitetos anônimos fechariam com chave de ouro uma brilhantíssima fase da arte no mundo.
>
> O barroco foi o estilo da projeção mediterrânea no ultramar, e nós o temos como sinal nacionalista, que dará sempre à nossa paisagem o sentido brasileiro de nossos destinos, isto é, a perpétua e indissolúvel união tradicional, histórica e afetiva com o mundo latino, especialmente com Portugal, cuja arte é a nossa, pois que a sua paisagem, seu sangue, sua língua, seus sentimentos são os nossos. Minas Gerais, que recebeu em curto espaço de tempo, a maior concentração de portugueses, guardou o privilégio de possuir em seu território os últimos exemplares mais característicos da arte barroca.[216]
>
> Povos do Novo Mundo, temos de estudar nossas origens e desenvolvimento. Nossos começos se identificam com os das mais antigas raças. Somos no Brasil, uma continuação de Portugal, como Portugal é uma continuação das raças ibéricas, romanas, suevas, cartaginesas e semitas. A estrutura cristã e a ordem jurídica das Ordenações do Reino, herdeiras do *Corpus Juris* romanos, moldaram suave ou violentamente nossa conformação social, preparando-nos para nos constituirmos, no mundo, um povo e uma nação. Esses séculos de

---

[215] LIMA JÚNIOR. *Arte religiosa*, 1966. p. 77.

[216] LIMA JÚNIOR. *A capitania de Minas Gerais (Origens e Formação)*, 1965. p. 220.

formação é que são o material de nossas construções espirituais que regerão os destinos de nossa pátria e de nossa província natal.[217]

Lima Júnior buscou, desde o início, demonstrar a importância histórica do antigo templo dedicado à Sant'Ana e a necessidade de sua preservação, justificada por seu papel na composição da "autêntica" e tradicional paisagem mineira. Nesse aspecto, em particular, podemos verificar certa aproximação entre o seu pensamento e a visão dos modernistas sobre o caráter nacional da arquitetura típica dos tempos coloniais – uma visão herdada em boa parte do movimento neocolonial, como vimos na primeira parte deste trabalho. Havia, contudo, sérias divergências entre Lima Júnior e os modernistas sobre o procedimento que foi a tônica entre os técnicos do SPHAN (de se privilegiar o critério artístico na avaliação dos edifícios religiosos), bem como sobre a pretensa posição de continuidade nacionalista reivindicada pela arquitetura moderna no Brasil:

> [...] as igrejas antigas de Minas nada têm de estilo barroco e muitas vezes são rústicas, mas fazem parte da paisagem mineira e são documentos da história do povoamento.[218]
>
> Nossa formação colonial nos fez herdeiros de um tipo definido de civilização, que resultou de uma milenar evolução, que não devemos interromper para novos ensaios já ultrapassados. Temos, com nossos próprios elementos, meios de vencermos as imensas tarefas que aí estão ao alcance dos que sejam capazes de as resolverem. [...] O que devemos fazer é restituir ao povo mineiro o convívio de suas melhores tradições; restituir ao povo mineiro a poesia da sua paisagem, que já nos distinguiu no conjunto brasileiro e que vai sendo arrasada pelo cabotinismo dos arquitetos Coca-Cola, inspirados em estrangeiros, com seus barracões envidraçados.[219]

Seu enfoque em relação à arquitetura e à arte em geral seguia uma linha bastante conservadora. O conservadorismo seria, aliás, uma tônica do seu discurso sobre o passado, referente em geral a certas categorias postas em oposição, como civilização/barbárie, herança

---

[217] LIMA JÚNIOR. *Dois discursos*, 1960. p. 9-10.s
[218] AUGUSTO... *Última Hora*, p. 3, 14 mar. 1961.
[219] LIMA JÚNIOR. *Diário de Minas*, p. 4, 17 mar. 1961.

cultural/instintos primários, catolicismo/heresias, ordem/"anarquia", identidade nacional/estrangeirismos.[220]

Todas as espécies de "modernismos" eram por ele interpretadas como manifestações de uma doença degenerativa que acometera a civilização desde o século XIX, caracterizada principalmente por uma neurótica busca pela novidade. Para o autor,

> o Modernismo é esse estado de espírito que envenena o nosso século e que tenta dissolver tudo no primarismo de suas concepções, e que poderá constituir realmente, uma forma de decadência contra a qual devemos lutar, a fim de que seja preservado o tesouro de conquistas, obtido lenta mas seguramente, sobre a animalidade elementar. O que é o Modernismo? É um paradoxo audacioso que atordoa as inteligências fracas, arrasta-as para uma ilusão do nada, aos simplismos embrionários, sem pensamento, sem moral, sem estética, sem lógica. É a deformidade inconsciente no espírito, a elefantíase da imaginação. Essa invasão da estultícia nos domínios da arte, que se justifica e impõe pelo domínio do número e pela audácia da gritaria. Os que crêem nela, por deficiência mental, ou os que a suportam por covardia, ou os que a aceitam às cegas, fingindo que estão vendo alguma coisa nela, terão evidentemente que ser maioria, porque desde o ECLESIASTES, o número dos estultos é infinito e, segundo Renan, a única coisa que pode nos dar uma idéia do infinito é a estupidez humana. [...] Isso é o modernismo em todos os seus aspectos corrosivos, desde a suposta poesia desengonçada e sem sentido, à pintura monstruosa, borrada ou simplesmente idiota, às construções incômodas e feias, às dissonâncias que ninguém entende, até o abandono das regras da moral, sem esquecer o materialismo existencialista, disfarçado de cristão, sob vestes eclesiásticas.[221]

Sua filiação às concepções litúrgicas ligadas aos setores marianistas, dos mais tradicionalistas da Igreja católica no Brasil, parece evidenciar-se em *História de Nossa Senhora em Minas Gerais*, obra na qual afirma

---

[220] Seria interessante, aliás, uma análise mais aprofundada das imagens presentes no discurso de Augusto de Lima Júnior, mas tal esforço infelizmente ultrapassaria os limites deste trabalho.

[221] LIMA JÚNIOR. Modernismos. In: *Serões e vigílias (Páginas avultas – primeira série)*, 1952. p. 159-62.

que "tão numerosas são realmente as dedicações de templos e altares à Virgem Maria nesta bela terra de Minas, que podemos denominá-la terra de Nossa Senhora". Seu culto seria responsável, segundo o autor, por salvar "almas há mais de três séculos nestas outrora selvagens terras [...]".[222] Augusto de Lima Júnior encarava o culto a Nossa Senhora e todas as práticas de devoção populares não apenas como expressões de uma tradição religiosa, mas também como um elemento fundamental na formação da identidade mineira e, por conseguinte, brasileira. Portanto, qualquer tentativa de abolir tais práticas não poderia deixar de soar como uma tentativa deliberada de subverter os mais caros valores nacionais, algo que apenas poderia partir de setores interessados em promover a "desintegração do corpo social" no Brasil.

Para o autor, o caso de Ferros, além de um sério atentado contra o patrimônio histórico, seria uma clara demonstração de que estava em curso no país uma conspiração comunista cuidadosamente planejada para afastar os brasileiros da religião, cuja execução no interior da Igreja católica ficaria a cargo dos setores favoráveis ao Movimento Litúrgico, notadamente a Ação Católica:

> Para o historiador Augusto de Lima Júnior apoderou-se de alguns clérigos mineiros uma "verdadeira neurose, que já atingiu até o Seminário de BH" e é ele ainda que disse que deseja "advertir o povo mineiro sobre a infiltração comunista no clero, com base em BH".
>
> – "Esse liturgicismo é a forma de desinteressar o povo humilde das práticas religiosas. Além do Padre Lage, temos em Belo Horizonte um outro agitador bastante perigoso: é o dominicano Frei Chico, encarregado do setor de estudantes e que, recentemente, tentou organizar uma agitação contra os colégios, por motivo de anuidades escolares."
>
> E acentuou:
>
> – "O caso de Santana dos Ferros é apenas um episódio da audaciosa infiltração comunista.
>
> Disse o historiador Augusto de Lima Júnior, com referência ao plebiscito para escolha da igreja moderna, que "ele foi apenas

---

[222] LIMA JÚNIOR. *História de Nossa Senhora em Minas Gerais (Origens das principais evocações)*, 1956. p. 11-3.

uma mistificação, porque – disse – perguntar ao povo descalço e maltrapilho o que pensa de uma construção para fins litúrgicos, depois de o próprio vigário instruir esse povo, é fazer muito pouco da inteligência alheia."

– O vigário é o confessor de todos os paroquianos. Deve ser pessoa muito boa, mas de uma prodigiosa ingenuidade. Essa comédia de referendo não chegou a ser cortina de fumaça. Foi apenas uma falta de senso de ridículo – continuou.[223]

Na verdade, posturas divergentes entre setores católicos leigos da diocese de Belo Horizonte, em evidência desde o final da década de 1940, chegaram no início dos anos 1960 a níveis extremos de radicalização. O descontentamento das alas mais tradicionalistas da Igreja católica – "congregados marianos, padres sacramentinos, jesuítas e leigos ligados à Sociedade Brasileira de Defesa da Tradição, Família e Propriedade (TFP)", segundo Da Mata[224] – em relação ao apoio dado na capital mineira à Ação Católica e ao Movimento Litúrgico crescia cada vez mais à medida que se radicalizava também a atuação política da Ação Católica em Belo Horizonte (tendo como uma das figuras proeminentes o próprio Padre Lage, um de seus coordenadores). Dessa forma, Augusto de Lima Júnior – e muito provavelmente também os ativistas do Movimento por um Mundo Cristão (MMC), fundado em 1956 pelo Padre João Botelho – identificou na atitude de se demolir a antiga Matriz de Sant'Ana dos Ferros uma verdadeira afronta ao catolicismo tradicional mineiro, agravada pela proposta de se construir em seu lugar um templo nos moldes defendidos pela Ação Católica, próprios do Movimento Litúrgico:

> O povo de Santana dos Ferros está vivendo horas de angústia, diante da ameaça que pesa sobre seus melhores sentimentos religiosos e cívicos. Armou-se uma conspiração que pretende derrubar a velha igreja construída pelos missionários franciscanos, há quase duzentos anos, onde foram batizados os antepassados dos atuais paroquianos, e onde se ouviram as preces das gerações passadas. [...] O grupo iconoclasta já denunciado pelo eminente sacerdote e preclaro mineiro Cônego

---

[223] AUGUSTO... *Última Hora*, p. 3, 14 mar. 1961.

[224] DA MATA. *Revista de história regional*, 1998.

> Bueno de Siqueira, vai adotar no novo palácio de Assurbanipal, em estilo moderno de três mil anos, em lugar de uma igreja católica, um templo luterano. Nada de imagens de Nossa Senhora, nem de Sant'Ana, nem de santos, nem de coisa nenhuma. Somente o altar judaico em forma de mesa, e uma cruz com velas ao lado. Podem bem melhorar o projeto juntando as velas numa peça só, ou seja o candelabro de sete braços. É isso o que vai acontecer em Sant'Ana dos Ferros, se o povo revoltado com a profanação dos seus melhores sentimentos não expulsar os vendilhões do Templo... [...] Voltarei ao assunto, colocando-me ao lado do povo de Sant'Ana dos Ferros, para ajudá-lo nesta luta que vai ser decisiva para os destinos da verdadeira Igreja Católica Apostólica Romana em Minas.[225]

Padre Lage, por sua vez, preocupado em acalmar o pároco da cidade de Ferros diante da polêmica desencadeada em Belo Horizonte por Augusto de Lima Júnior, enviou-o telegrama no dia 14 de março com a seguinte afirmação: "Investida Liminha não tem importância pt Todos principalmente Dom Oscar o conhecem como louco irresponsável Abs Pe Lage".[226]

Contudo, outras vozes se juntaram ao historiador na defesa do antigo templo de Sant'Ana. Diversos membros do Instituto Histórico e Geográfico de Minas Gerais, em sessão do dia 15 de março, protestaram contra a anunciada demolição em Ferros e resolveram marcar posição oficial diante das autoridades eclesiásticas, apelando para o bom senso das mesmas em relação à preservação do edifício:

> O consócio Celso Falabela de Castro [...] pediu licença para se referir ao que ora ocorre na cidade de Ferros, na qual se pretende destruir antigo templo, para em lugar dele se erigir um edifício em linhas modernistas. Entendia que se tratava de verdadeiro atentado às tradições de Minas e propôs que se desse conhecimento da atitude do Instituto às autoridades eclesiásticas.

---

[225] LIMA JÚNIOR. *Diário de Minas*, p. 4, 16 mar. 1961.

[226] Arquivo Paroquial da Matriz de Sant'Ana, Ferros. Como destaca WERNECK (1992, p. 28-9), Augusto de Lima Júnior defendeu teses polêmicas ao longo da vida – como a inexistência de Aleijadinho –, além de cometer erros crassos na elaboração do Panteão dos Inconfidentes, trazendo da África, por exemplo, os restos mortais do neto de Gonzaga como se fosse o próprio inconfidente. Cf. GONÇALVES. *Gonzaga, um poeta do Iluminismo*, 2000.

Falou a seguir, o Desembargador Onofre Mendes Júnior [...]. Referiu-se também em palavras candentes ao crime que estava prestes a ser praticado na cidade de Ferros com a destruição do tradicional templo ali existente. O sócio Roberto de Vasconcelos apoiou calorosamente as palavras do orador, expondo por sua vez o seu ponto-de-vista. [...] Em palavras candentes o Doutor Jarbas Vidal Gomes reprovou a mania reinante de construções ditas modernistas de templos sagrados, chegando a profligar em termos contundentes o que ora se verifica em Ferros sob máscara de plebiscito em coisa sagrada.[227]

Dias depois, matéria do jornal *Estado de Minas* estampava não apenas a indignação do Instituto Histórico e Geográfico de Minas Gerais (IHGMG), como também a opinião de ferrenses sobre o destino da Matriz de Sant'Ana e questionamentos da legitimidade do plebiscito organizado por Padre Lage:

MANIFESTAÇÕES CONTRARIAS À DEMOLIÇÃO DA IGREJA DE FERROS

A respeito da controvérsia surgida em torno da igreja matriz de Ferros, bem como do plebiscito ali realizado para consultar a opinião popular sobre se seria demolido ou não o secular templo, disse em nossa redação o Sr. José de Assis Camargo que apenas uma minoria da população votou. O município tem 32 mil habitantes e pouco mais de 3 mil foram os que se manifestaram no plebiscito. Acrescentou que muitos paroquianos preferiram não votar, em consideração ao vigário, padre José Casimiro, retraindo-se de um pronunciamento que poderia ter modificado completamente a decisão favorável à construção de uma igreja de linhas modernas, em substituição à matriz duas vezes secular.

PELA CONSERVAÇÃO

O Sr. José de Assis Camargo, Morador nesta capital, mas ferrense de nascimento, declarou mais que, nas consultas e sondagens feitas tanto entre elementos da colônia na capital, como entre seus conterrâneos em Ferros, o pensamento dominante é no sentido de que a velha igreja deve ser preservada.

Cabe ao Serviço do Patrimônio Histórico restaurá-la, respeitando uma tradição de mais de duzentos anos, pois a matriz foi construída

---

[227] ATA... *Revista do Instituto Histórico e Geográfico de Minas Gerais*, 1961. p. 506-7

pelos missionários franciscanos e nela foram batizados todos os antepassados das atuais gerações. Alega ele que esse é o ponto de vista da grande maioria do povo, que concorda, inclusive, com a construção de outros templos católicos em Ferros, obedecidas as linhas da moderna arquitetura, mas desejam que a velha igreja deve ser preservada a todo custo.[228]

Para Celso Falabela de Castro, membro do IHGMG, se a construção de uma nova igreja em Ferros era inevitável, que ao menos se decidisse por construí-la em outro local, preservando a antiga Matriz de Sant'Ana. Os ataques de Augusto de Lima Júnior à arquitetura religiosa modernista – e aos princípios litúrgicos orientadores do templo projetado por Mardônio Guimarães – davam lugar, portanto, a uma argumentação mais ponderada:

> O certo é que a velha Matriz, muito embora despida de condições que a possam denominar monumento artístico, constitui obra de inegável valor histórico, integrando o respeitável acervo de nossa tradição. [...]
>
> Já é tempo, convenhamos, de se unirem as instituições que se batem, isoladamente, em defesa do patrimônio histórico de Minas, no sentido de assegurar a preservação e a intocabilidade de tudo aquilo que nos legaram os antepassados, sob pena de chorarem, mais tarde, nossos filhos e netos, pela mesma incúria que outrem, no passado, permitiu a destruição no Rio e em São Paulo dos marcos da civilização brasileira. [...] Não estamos defendendo apenas a preservação da velha Igreja de Ferros. Outras iniciativas, sob os mesmos fundamentos, poderão suceder-se, pois a época é do modernismo, do arrojado, coisa que nem assenta bem para o mineiro de boa cepa, tão aferrado à tradição.
>
> Ainda é tempo de fazer valer o bom senso. Que Ferros tenha a nova Igreja – uma determinação da vontade de seu povo: que seja preservada a velha Matriz, onde foram batizados os filhos da ilustre cidade, a mesma Igreja onde foram encomendados os corpos dos ancestrais da geração atual, onde está fincada uma parte importante da história do município – uma constante do respeito à tradição.[229]

---

[228] MANIFESTAÇÕES... *Estado de Minas*, p. 1, 18 mar. 1961.
[229] CASTRO. *Estado de Minas*, p. 3, 26 mar. 1961.

Ainda assim, Padre Lage, Padre José e até mesmo Dom Oscar de Oliveira mantiveram-se irredutíveis quanto ao propósito de demolir-se o velho edifício, fortalecidos talvez pela total indiferença das autoridades do SPHAN, que em momento algum se manifestaram publicamente sobre o assunto.

O jornal *Ferros*, por sua vez, tratou logo de evitar a consolidação de qualquer resistência na cidade à demolição da antiga Matriz às custas de uma resposta tão virulenta quanto as acusações de Augusto de Lima Júnior, transformando a questão em uma simples afronta à autonomia da cidade:

> Ao acalanto do Santo Antônio, Ferros dormiu profundamente durante um século. Desperta de seu "brilhante" anonimato e surge como espetacular "vedete". A notícia do plebiscito que aqui se realizou correu todo o Brasil. Virou manchete obrigatória nos principais jornais. Com seriedade e liberdade resolvemos, nós ferrenses, dar a Sant'Ana uma casa nova e moderna. Fato consumado: a cédula verde do "sim" decidiu o plebiscito. Igreja moderna para Sant'Ana. [...] Sem pertencer à nossa Diocese, sem ser ferrense e sem ter nenhuma relação de Ferros e com Ferros, resolveu, assim aereamente, o Sr. Augusto de Lima Júnior, que se diz historiador, emitir conceitos, protestar e apresentar soluções para um problema nosso, só nosso e de mais ninguém: o da construção da igreja moderna. Qual a capa que V. Exª Sr. Historiador, vestiu, para lhe outorgar o direito de protestar, e protestar contra um fato consumado? [...] Que esta sua beócia e obesa menopausa de medíocre historiador não sirva mais deste fato a fim de que V. Exª Sr. Historiador, seja vedete. [...] Sobre a tradição, Sr. Historiador, é que se constrói um mundo novo. E, se os antigos criaram, por que também não o podemos nós?[230]

Quanto à percepção na cidade de Ferros em relação aos seus edifícios mais antigos, parece que havia uma insatisfação geral pelo estado precário em que se encontravam. Contudo, tal fato se daria menos pelo apreço ao valor histórico das construções que pela sua incapacidade de cumprir satisfatoriamente suas atribuições funcionais. Considerou-se até mesmo com certa ironia a reação, em Belo Horizonte, favorável à preservação da tradicional Matriz:

---

[230] SILVA. *Ferros*, p. 1, 23 mar. 1961.

Pois é, houve o plebiscito, houve o resultado do plebiscito, houve "sapo de fora" roncando sobre o resultado do plebiscito. [...] E houve etcétera. E depois de ter havido etcétera a cidade está em paz, à espera da igreja nova, pois a velha, está mesmo daquele jeito, digna mesmo das paixões de historiadores "passadólatras" e formando com a Escola Normal e o Fórum o "Trio do cai-não-cai".

> A nossa igreja se escora
> em milagres de Sant'Ana:
> – e a Santa já gasta, agora,
> mil milagres por semana!
>
> E a Escola? – Ferros se ufana
> de a ter, porém, de hora em hora,
> precisa também Sant'Ana
> pôr-lhe uns milagres na escora!
>
> Dança a Escola, dança a igreja
> dança o Fórum, e rasteja
> nossa dissídia ruim,
>
> Como cômodo veludo
> sobre o qual ciranda tudo
> na cadência do cupim![231]

Tal pragmatismo, contudo, não demoraria muito a dar seus primeiros sinais de fragilidade. Afastado o risco de anulação do plebiscito, com a palavra final de D. Oscar de Oliveira em favor da moderna Matriz de Mardônio Guimarães (e também com o silêncio das autoridades responsáveis pela preservação do patrimônio histórico à época), finalmente tornava-se possível dar prosseguimento à empreitada de Padre José, ansioso por iniciar as obras de sua nova igreja. Restava agora a tarefa de transferir as imagens do velho templo para a igreja do Rosário, permitindo dessa forma que se realizassem os primeiros procedimentos da demolição.

Uma grande procissão foi organizada por Padre José, e por 10 horas seguidas o cortejo composto por boa parte da população incumbiu-se de transportar, uma a uma, as 40 imagens que até então se encontravam abrigadas na antiga Matriz:

---

[231] ASSUNÇÃO. *Ferros*, p. 2, 15 abr. 1961.

> A madrugada clarinou diferente o primeiro de junho.
> Santana, deixando o trono, a velha Matriz viveria a derradeira tarde.
> Agonia estranha!
> Jamais viveu tanto a velha igreja ao apagar da lâmpada consagratória. Anos e anos, velhos e velhos, cheirando a tempo, voltando para abraçarem o abraço último, crepuscular, de uma época e viverem juntos uma história, respirando unidos a mesma vida, suspirando juntos a mesma morte.
> E os 40 andores, num simbolismo impressionante, deixaram o nicho antigo para contar às calçadas, à multidão, à cidade a história inexorável do tempo.
> Carregávamos épocas, tocávamos, substantivamente, o passado de Ferros, trazíamos nos ombros a nossa própria história.
> Significação enorme!
> Duas mil almas, continuação genética de todas as participações simbólicas do cortejo, serpenteavam no vale em evocação gloriosa. Ferros cultuando Ferros!
> As imagens em seus andores, quase todas raridades artísticas, marcavam ao nascer daquele dia o espírito renascentista da nova Ferros.[232]

A precariedade desse "espírito renascentista" se revelaria aos olhos de Padre José, entretanto, à medida que aos fiéis se aproximava a consequência fatal do maciço voto verde depositado nas urnas meses atrás: a destruição da velha igreja. O clima de apreensão, angústia e arrependimento parecia ameaçar, a todo instante, o surgimento de uma voz contrária capaz por si só de conseguir o apoio de todos os fiéis. E, consciente da sua responsabilidade pessoal no empreendimento, o jovem pároco acabaria evitando que algo naquele sentido acontecesse, ao permitir que toda a insegurança dos ferrenses encontrasse um "abrigo seguro" na confiança quase irrestrita a ele depositada.

> Só mesmo o valor e a juventude do nosso vigário, dariam braços à causa magna que se propôs.
>
> Vimos o nosso padre, por 10 horas ininterruptas, gritar ao povo seu entusiasmo, incendiando-o com o calor dos líderes, com a tenacidade dos heróis.

---

[232] GONÇALVES. *Ferros*, p. 1, 15 jun. 1961.

> Aqui deixamos assinalada a nossa ilimitada admiração à batina humilde que abriga tanta virtude, à sotaina valente que veste tamanho espírito.[233]

Acompanhado por Padre Lage e por Padre James, Padre José iniciaria o tão esperado sermão da missa campal que precedeu a procissão, assegurando aos fiéis sua competência para avaliar a verdadeira importância artística da velha matriz, utilizando-se do argumento eficaz da autoridade intelectual para acalmar as consciências perturbadas que o ouviam, dominadas pela apreensão e certas de que aquela atitude seria irreversível.

> Mais do que arte, propriamente, era a afetividade natural e compreensível que o velho templo despertava no coração dos ferrenses, o motivo de melindre e que exigia muita habilidade do orador para explicar ao povo as razões daquela substituição. A formação de opinião pública favorável à demolição da igreja e que resultou na autorização plebiscitária, não expressava, na verdade, a vontade da maioria adulta, responsável, tradicional, enfim a vontade do paroquiano típico, atuante. Pois a juventude e uma minoria intelectual com mania de arquitetura moderna, tipo Brasília anos 60, decidiram a questão em favor da igreja nova. [...] Agora, desvencilhada dos santos inquilinos, a casa vazia, nada mais impedia o aríete demolidor.[234]

Mas nem mesmo a confiança quase irrestrita depositada em Padre José seria capaz de evitar, em boa parte da população de Ferros, a sensação de estar cometendo uma falta gravíssima aos olhos de Deus. Ao atentarem contra a Sua casa, profanando inclusive o terreno sagrado do cemitério, estariam os ferrenses condenando-se por toda a eternidade?

Nova época?

Terminados os trabalhos da demolição, era hora de tentar se reanimar, iniciando o mais rápido possível a construção da moderna Matriz de Sant'Ana. Padre José Casimiro contou de imediato com o apoio da juventude, que por meio do jornal *Ferros* lançaria a "Campanha do Cimento" com o intuito de angariar fundos e doações do

---

[233] GONÇALVES. *Ferros*, p. 1, 15 jun. 1961.
[234] GONÇALVES. *Manuscrito*, p. 8.

próprio material, necessário para o moderno edifício. Até mesmo uma flâmula da nova Matriz passou a ser vendida pelo jornal, que buscava a todo o momento entusiasmar a população e romper o abatimento geral que se instalara na cidade desde que a praça se encontrava vazia. Com efeito, os escombros da antiga Matriz pareciam ter soterrado os ânimos das mesmas pessoas que selaram a sorte daquele templo meses atrás, e a forte nostalgia causada pela desagradável paisagem da praça central foi a primeira dificuldade enfrentada pela juventude ferrense:

> Como todos sabem, a velha Matriz de Sant'Ana já começa a cair.
>
> Já o velho César dizia: "alea jacta est..." que não é "a lei é a jato", mas "está lançada a sorte".
>
> Portanto, nada de desânimo.
>
> Agora, minha gente, é ir para frente.
>
> É não medir sacrifícios para que tenhamos, o mais breve possível, a nova Matriz de Sant'Ana, reluzente, esplendorosa, atestando ao vivo a fé e o espírito renovador do ferrense.
>
> Eu sinto no ar uma nova era para nossa terra.
>
> Era de progresso, cooperação, dinamismo, cujo marco inicial será nossa nova Matriz.[235]

Buscou-se, através das páginas do jornal, reafirmar a importância do novo edifício para a cidade. O objetivo principal seria envolver de fato todos os ferrenses na construção da igreja moderna e, principalmente, no processo de modernização que supostamente chegaria com ela.

> Não se pode deixar de saber que hoje, pela primeira vez, e afortunadamente, Ferros está preocupada com seu futuro. Não se fala em outra coisa [...].
>
> Em alguns, essa preocupação está amadurecida de ansiedade e de esperança; em outros, está cheia de temor e angústia. Magnífico. Quer dizer: Ferros começa realmente a viver. O nosso povo está se sentido obrigado a [...] decidir-se a criar sua história e sofrer o doloroso parto de seu próprio futuro. [...]
>
> É chegada a nova era. A era da redenção. [...]

---

[235] GONÇALVES. *Ferros*, p. 1, 15 jun. 1961.

Ah! Minha gente, os tempos mudaram e nós também temos que mudar! Com o advento da nova Matriz, surge uma nova era para Ferros.

Ânimo sempre! Avante!

O desânimo nada produz. O homem desanimado amplia as dificuldades porque sua imaginação tudo exagera.

ÂNIMO, MINHA GENTE![236]

O "doloroso parto do futuro" de Ferros teria se iniciado com a demolição da antiga Matriz de Sant'Ana, símbolo maior de uma época a ser superada? Pelo menos, para aquela reduzida parcela dos ferrenses, a resposta era afirmativa. Ao conceber o processo de modernização da cidade como uma grande aventura, na qual inclusive seria simbolicamente desejável a destruição do antigo templo, a juventude de Ferros mostrou-se marcada profundamente pela angústia do atraso, ocasionada pelo descompasso entre as expectativas despertadas pelo contato de alguns com a paisagem e o estilo de vida próprios das urbes "emergentes" no país e a realidade daquele pequeno município do interior mineiro. Assim como os países industrializados e as grandes metrópoles passaram a ser considerados "modelo de maturidade" desejável para todo o restante do planeta, a paisagem rural e os conjuntos arquitetônicos típicos do interior foram, nas décadas de 1950 e 1960, principalmente, cada vez mais tratados como elementos próprios de uma sociedade arcaica, na qual o estágio de desenvolvimento era necessariamente insatisfatório. A nosso ver, invariavelmente, a angústia causada pela percepção desse descompasso entre padrões de produção e consumo foi responsável, em regiões consideradas periféricas, pela acentuação de uma tendência própria da era moderna: o investimento na técnica como elemento instaurador de modernidade.

Não por acaso, a eficácia da arquitetura modernista em dar forma, externar o domínio racional sobre o meio compartilhado foi largamente explorada no Brasil dos anos 1950 e 1960, tendo como expressão máxima a metassíntese de Juscelino Kubitschek: Brasília. Ao projeto desenvolvimentista caberia convencer as consciências de que a queima de etapas rumo à modernização seria perfeitamente factível, desde que

---

[236] SILVA. *Ferros*, p. 2, 20 jul. 1961.

fosse dada ao Estado e à sua tecnocracia a autoridade suficiente para conduzir as mudanças desejadas. Concebida como uma "pedra jogada para criar ondas de progresso", a proposta de se construir uma nova capital federal existia, todavia, desde o século XVIII, como nos lembra James Holston. Ao longo da história brasileira, "a vinculação entre a mitologia do novo mundo e a teoria do desenvolvimento teve vários nomes, incluindo Nova Lisboa, Pedrália, Imperatória, Tiradentes, Vera Cruz e, por fim, Brasília".[237]

Ou seja, a crença no controle total do futuro por intermédio de ações dirigidas pela racionalidade apenas recebeu maior impulso nos anos 1950-1960, graças à afinidade entre a estética modernista de apagamento e reinscrição da história e a modernização como ideologia do desenvolvimento. Acreditamos que, no caso de Ferros e de outras cidades, templos católicos e todo o poder simbólico a eles atribuído sofreram a influência do ideário desenvolvimentista, sendo também concebidos como possíveis elementos propulsores da modernização, num processo que ganhava ainda maior dramaticidade quando se tratava da substituição de antigas igrejas. Afinal, casos como a demolição da igreja de Ferros – em nome da demarcação de uma nova era a partir da "igreja moderna" – acentuam ainda mais o caráter de apagamento da história contido na proposta modernista. Aqui, ao anseio de controle do futuro, caberia, inclusive, menosprezar o passado e toda a sensibilidade enraizada nas comunidades do interior em relação às suas igrejas.

Todavia, como era de se esperar, as maiores dificuldades daquela juventude em seu esforço pela modernização do município ultrapassariam de muito apenas a questão da nova igreja. A cidade, como um todo, parecia permanecer indiferente a todo aquele ímpeto de renovação estampado nas páginas do jornal *Ferros*. De fato, a crença na eficácia da técnica como elemento instaurador de modernidade acabou encontrando ressonância suficiente para mobilizar ainda mais apenas uma pequena parcela dos ferrenses, notadamente aqueles que já vinham, de alguma forma, agindo no sentido de se efetuar mudanças significativas naquela cidade. Um bom indicador disso foi a repercussão

---

[237] HOLSTON. *A cidade modernista: uma crítica de Brasília de sua utopia*, 1993. p. 26-7.

cada vez mais negativa na cidade em relação às cobranças – publicadas de forma sistemática no jornal – no sentido de que as autoridades trabalhassem efetivamente pelo bem comum. Numa época de forte agitação política, como o início dos anos 1960, os editores do jornal logo começaram a ser acusados de comunismo[238] ou de estarem interessados apenas em promover a discórdia e a desagregação numa comunidade outrora coesa, marcada pela harmonia:

> Vivemos em uma cidade calma onde há entrelaçamento de amizades e parentescos; vamos dizer, uma só família.
>
> Até a natureza, aqui, nos ajunta, as montanhas mais apertam o círculo para que ressoem dentro delas clarinadas do bom senso a nos convidar para que vivamos com mais intimidade.
>
> Representa a fortaleza de nossa amizade que é firme, como firmes são as bases em que se edificou esta cidade. É pois, necessário, prestigiarmos os que participam dos encargos do município e precisamos, ainda, incentivar e apoiar suas iniciativas ao invés de desmerecê-las, de combatê-las. [...] Por respeito à tradição, e por amor à paz, resguardaremos a integridade dos conterrâneos do presente, sobretudo para aprimorar o espírito de cooperação mútua que deve existir entre os homens de boa vontade. Somente assim contribuiremos para o futuro.[239]

Interessante notar, nesse caso, que a mesma paisagem montanhosa traduzida pelos jovens como a objetivação do isolamento e da falta de perspectivas dos habitantes da cidade acabaria sendo citada por outros como ícone de algo supostamente positivo: a índole conciliadora do povo ferrense.

Aos poucos, o comportamento político decorrente da "índole conciliadora" das autoridades ferrenses acabaria se tornando o alvo principal do jornal *Ferros*. O arranjo da estrutura política local passa a ser duramente combatida no periódico, apontado como grande entrave para o progresso da cidade. Por outro lado, a imensa distância entre as expectativas e o entusiasmo da juventude no sentido da mudança e os rumos e atitudes ainda conservadores da administração pública,

---

[238] Cf. GONÇALVES. *Ferros*, p. 1, 14 maio 1961; SILVA. *Ferros*, p. 2, out. 1961.
[239] QUINTÃO. *Ferros*, p. 4, 14 maio 1961.

da política institucional e dos próprios habitantes do município levariam os colaboradores do jornal à percepção de que a perspectiva de construção do templo modernista na cidade não tinha gerado no restante da população os mesmos efeitos. Permanecia, ao contrário, a tendência à estagnação que tanto os incomodava, algo que dificultaria a ampliação do espaço público necessária para romper o arranjo político tradicional da cidade, caminho sem o qual seria difícil vislumbrar novas perspectivas:

> Queremos despertar as consciências. Fazer Ferros viver, ter uma filosofia política. E qual tem sido a filosofia política de Ferros? – Nenhuma. Nunca teve. Vergonhosa e absurda imaturidade política.
>
> A carência de doutrina na estrutura política dos partidos é fator comum. Mesclam-se partidos ou dissociam, não mais em função de antagonismos ideológicos, mas em função de permutas em que o interesse individual muita vez sobrepõe aos preceitos gerais que deveriam predominar em tais eventualidades. Deslocam-se do plano objetivo para o subjetivo. Deixam de representar um programa, uma filosofia política para que se estabeleça, sem empecilho, um "modus vivendi" adequado, modelado com zelo, arquitetado com esmero e minúcias. Fazem-se e desfazem alianças, quebram-se compromissos e outros se firmam com bases fictícias. [...]
>
> Preocupando-se exclusivamente consigo mesmo, o ferrense caminha para a barbárie. [...]
>
> Nosso propósito é: inquietar as consciências e forçá-las a abandonar esta preguiça conservadora.[240]
>
> Não atino ainda com os princípios que dirigem a política ferrense. Seja UDN ou seja PR, a grande dúvida persiste: qual a linha política? Qual a plataforma? Quais os planos ou as obras a serem executados? Será, porventura, nomear, transferir, efetivar e exonerar professoras? Ou será nomear inspetores escolares e exonerá-los em seguida? [...] Também temos o direito sagrado de progredir. Os políticos não podem girar a roleta dos jogos e dos interesses políticos apenas em torno de si.[241]

---

[240] SILVA. *Ferros*, p. 2, 14 maio 1961.
[241] SILVA. *Ferros*, p. 2, set. 1961.

Desde o combate à doença de Chagas até a exigência do aumento de arrecadação e do número de eleitores do município, passando pelo desejo de se construir uma biblioteca pública e uma praça de esportes na cidade, diversas iniciativas foram tomadas pelo jornal com o objetivo de envolver o restante da população na "aventura do desenvolvimento", seja pela cobrança de providências das lideranças políticas, seja pela tentativa de organização da própria sociedade, como no caso da implementação da Câmara Júnior. Segundo Maria S. da Costa Lage (outra colaboradora do jornal que já havia deixado a cidade de Ferros), a *Junior Chamber Internacional* congregava então mais de 400 mil jovens de 82 países, com o objetivo de "trabalhar pela fraternidade entre os homens, sob a égide da liberdade e da democracia".[242] Sem partidarismo político, religioso ou racial, tal organização seria o canal ideal para a ação dos ferrenses, foco de contatos e entendimentos com outros "junioristas" do país no sentido inclusive de se preparar o Movimento Pró-Desenvolvimento de Ferros:

> É importante fazer alguma coisa, gente. É a "pasmaceira" que apodrece. Dá-me vontade de sacudir todo mundo e dizer: vamos! Anda! Faz alguma coisa. É por isso que, enquanto o "Ferros" circular, e enquanto a redação aceitar a minha colaboração, eu vou falar, vou gritar, mesmo de longe, para ver se vocês acordam.[243]
>
> Desejo apenas colaborar para o grande surto de progresso que vem marcando a nossa cidade.
>
> Ela não está mais "deitada eternamente no berço esplêndido" do Vale do Santo Antônio. Não! Ferros acordou para uma nova era de dinamização.
>
> Sentindo esse espírito, quando da minha última visita, desejo contribuir para essa caminhada em direção à luz do desenvolvimento.[244]
>
> A Câmara Júnior lhes dará oportunidade de fazerem campanhas bem coordenadas, bem planejadas, eficientes: pró-hospital, pró-clube – a Câmara Júnior é um clube de serviço à comunidade –, pró-associação

---

[242] LAGE. *Ferros*, p. 1, 14 maio 1961.
[243] LAGE. *Ferros*, p. 4, 15 abr. 1961.
[244] LAGE. *Ferros*, p. 4, set. 1961.

rural amplamente eficiente. Quantos problemas a serem resolvidos, quanta coisa a ser feita![245]

Entretanto, a resposta da maior parte dos habitantes locais às iniciativas do jornal, via de regra, passava pela indiferença ou pelo estranhamento. Segundo o próprio jornal, no caso da biblioteca pública, por exemplo, ao se buscarem assinaturas de apoio a uma mensagem a ser enviada ao prefeito solicitando providências, surgiram reações do seguinte teor: "– Dr., aquela gente vai achar que senhor 'tá' xingando eles".[246] No que diz respeito à instalação da Câmara Júnior em Ferros, tem-se uma ideia do seu desenrolar por meio desse verdadeiro "desabafo" de Maria da Costa Lage, publicado alguns números após o seu entusiasmado lançamento no jornal:

> A desolação é sobre a Câmara Júnior.
>
> Foi anunciada, em números anteriores, com espírito positivo e empreendedor. Com idealismo. [...] Mas em FERROS!!!... Meu Deus! Essa terra é dura, dos diabos. O ferro é frio e não adianta malhar.
>
> Não adianta construir positivamente. A psicologia sócio-psicológica do meu pobre povo é uma anomalia mesmo. Não vai. Não vai de jeito nenhum. Acho que são a exceção da humanidade. [...] As reuniões vão "na base" do presidente, do secretário e do tesoureiro. Três D. Quixotes lutando contra o resto dos pançudos e preguiçosos Sanchos-Pança. [...]
>
> Não adianta, estou vendo, entusiasmar, elevar, tratar por cima a quem está acostumado ao chicote.
>
> A gente põe pérolas nas mãos de quem, estupidamente, as atira aos porcos. [...] Parece uma fatalidade. Surge alguém que fala para construir, para fazer algo que ninguém fez, mas é como pregar no deserto onde a areia não ouve.[247]

A repercussão do jornal entre os políticos tradicionais da cidade, por seu turno, não poderia ser mais negativa. Seu editor se lamentaria, por exemplo, que os detentores do poder local e seus simpatizantes não conseguiam enxergar a publicação como uma iniciativa a favor

---

[245] LAGE. *Ferros*, p. 3, ago. 1961.
[246] MARTELADAS... *Ferros*, p. 4, 14 maio 1961.
[247] LAGE. *Ferros*, p. 3, 20 jul. 1961.

do município, exigindo realizações materiais, concretas, por parte dos "escribas" para que então pudessem "falar mal" da administração do prefeito e da atuação de parlamentares.

> Criticam, acintosamente, o jornal. Chamam-no jornaleco. Esquecem-se que ele, o jornaleco, é obra de uma geração. Uma geração que está a caminho de Damasco. Uma geração em cujas veias ferve o licor da esperança. Suas tendências, suas aspirações, são as aspirações e as tendências da mocidade, e a mocidade é o fogo, a confiança, o futuro, o progresso. [...] E nós lutaremos. Mesmo apesar da falta de incentivo e cooperação. [...] Precisamos de mais assinantes e de mais anunciantes. Temos de sobreviver, e independentes, porque este jornal é o grito de rebelião de uma cidade abandonada pelos poderes públicos [...].[248]

> Nunca os "chefões" se deram à obrigação de atender nosso apelo ou justificar nossas merecidas críticas, que na verdade não são só nossas, mas de toda a comunidade. Teimam em sustentar antiquadas posições "tabus", como líderes, arrivistas, de um povo que precisa de tudo, inclusive de líder. [...] O mais triste de tudo é a passividade dos cidadãos. Estamos num verdadeiro caos. É preciso reação forte e segura. No entanto, ninguém se dá ao trabalho de pelo menos reclamar. Temos as vistas embotadas pela estreiteza do horizonte e pela largueza do ócio, da mediocridade e do egoísmo. Ninguém pensa no bem comum. Uma visão panorâmica da cidade nos dá uma idéia precisa de quem a governa: a inércia, a incapacidade, o concubinato, o apadrinhamento e a astúcia para engodos. Nada se realizou e nada se planeja realizar.[249]

A falta de acolhimento ao jornal – poucas assinaturas e um clima de grande animosidade em relação às suas cobranças – não demoraria a condená-lo a encerrar suas atividades. Com o pouco respaldo da população ferrense, a iniciativa eminentemente política para tentar implementar mudanças no município duraria pouco mais de um ano.

Quanto à construção da moderna Matriz, a aprovação final da planta do arquiteto Mardônio dos Santos Guimarães pelo Arcebispo Dom Oscar de Oliveira aconteceria apenas no dia 5 de setembro de 1961. É que

---

[248] SILVA. *Ferros*, p. 2, nov. 1961.
[249] SILVA. *Ferros*, p. 2, jan./fev. 1962.

o projeto apresentado inicialmente e submetido a julgamento dos fiéis no plebiscito realizado em março passaria ainda por algumas mudanças, efetuadas a partir da análise mais apurada de membros do clero. Como afirma o próprio Dom Oscar de Oliveira, no livro de tombo da Matriz de Sant'Ana, a proposta inicial de Mardônio foi ainda submetida à "crítica do Dr. Mons. Guilherme Schubert, a maior autoridade em arte sacra no Brasil. Segundo meu desejo, foi-lhe acrescentada uma torre e feitas outras pequenas modificações por Mons. Schubert".[250] E a demora em se iniciar as obras da nova Matriz acabaria sendo outro alvo de cobranças do jornal, quase um ano após a realização do plebiscito:

> E agora, Mardônio?
>
> O povo votou,
>
> a igreja caiu,
>
> o sino tocou,
>
> a planta sumiu,
>
> e agora Mardônio? [...]
>
> A praça deitou-se vazia por entre as pedras, os tijolos, a areia da construção à espera do novo companheiro. As torres da fé que apontavam, num aceno secular, o infinito, deixaram nos ares um gesto abstrato, braços de Moisés na oração bíblica, pedindo sustentação, gritando à batalha santa o brado dos céus, dando fogo e valor aos combatentes. Também ouvimos o clamor bíblico, nossa batalha é

---

[250] LIVRO... p. 128, 1965. Mons. Guilherme Schubert, como vimos no capítulo anterior, foi um dos fundadores da Sociedade Brasileira de Arte Cristã, em 1946, tornando-se mais tarde secretário da Comissão Arquidiocesana de Arte Sacra do Rio de Janeiro (CASRIO). SCHUBERT afirma, num artigo publicado na *REB* em 1957: "Já entraram na Comissão [...] plantas modernas bastante interessantes. Mas os arquitetos, freqüentemente, não tem a segurança necessária: ou erram quanto ao lado funcional ou, para não errar, andam tateando, copiando mais ou menos alguma igreja conhecida". Segundo o autor, pelo menos no caso do Rio de Janeiro, "só podem ser aceitas plantas que foram apresentadas na Cúria com requerimento de praxe, e [...] a Comissão organizará seu fichário reservado e saberá (já sabe) de pessoas ou entidades não idôneas que causaram prejuízos em trabalhos anteriores" (SCHUBERT, set. 1957, p. 671-6). Tal passagem reforçaria nossa tese de que, durante as décadas de 1950 e 1960, a existência de um diálogo maior entre autoridades eclesiásticas, membros do laicato católico e arquitetos foi de fundamental importância para a disseminação da arquitetura religiosa modernista no Brasil.

um compromisso histórico. Havia naquela praça um templo. Lançamos sobre ele nossos aríetes, abatendo-o. Nosso compromisso é intransferível, devemos à paróquia u'a Matriz, devemos a Sant'Ana uma casa, à posteridade uma atitude.[251]

De fato, no período entre a demolição do antigo templo e o início da construção efetiva da nova Matriz, a imagem cotidiana da praça vazia incomodava profundamente as consciências daquela pequena cidade, e o sentimento geral era de que se havia cometido um grande sacrilégio. Ou seja, além de todas as dificuldades encontradas pelos setores ansiosos quanto à "modernização" do município – graças ao comportamento político de seus habitantes –, houve ainda um grande e doloroso intervalo entre a destruição daquele edifício tão caro aos fiéis e a materialização do sonho de modernidade representado pela nova Matriz, deixando a juventude de contar com aquele importante capital simbólico ainda no calor de todo o seu entusiasmo manifestado no jornal. Em artigo publicado no jornal *Diário de Minas* é possível observar que, cerca de seis anos mais tarde, o alto custo da construção modernista – muito superior às previsões iniciais – ainda comprometia sua conclusão, exigindo grande sacrifício dos fiéis para finalizar-se o empreendimento:

> Para a construção da nova igreja o povo não mede esforços. Homens, mulheres, crianças, velhos e novos, todos carregam tijolos, pedras, concreto, areia, madeira, ladrilho e outros materiais. Todas as festas em Ferros têm suas rendas revertidas para a construção da Matriz nova. [...] Seu revestimento externo, que já está pronto, é de gressit branco e azul e mármore cor gelo. A torre é de gressit azul, com ornamentação, e terá uma cruz de dez metros. Os vidros já foram encomendados a firmas alemãs. A iluminação será moderna e formada por 210 lâmpadas fluorescentes que foram doadas pelas professoras da região. A parte interna da matriz de Ferros será em gressit branco e azul e o piso revestido de mármore e o serviço de som estereofônico.[252]

Concluído o templo, Padre José Casimiro teria, ainda, um grande desafio em relação à sua moderna Matriz de Sant'Ana: o painel encomendado à artista plástica Yara Tupinambá despertaria, ao longo do ano de

---

[251] E AGORA... *Ferros*, p. 4, jan./fev. 1962.
[252] LAGE. *Diário de Minas*, p. 2, 14 ago. 1967.

1973, outra grande polêmica, fartamente tratada nas páginas dos jornais brasileiros e até mesmo na imprensa internacional. Dessa vez, o ponto de discordância se referia à nudez de Adão retratada pela artista plástica em sua obra. Novamente a moderna Matriz de Ferros seria tema de uma transmissão televisiva, dessa vez em cadeia nacional, nos estúdios da Rede Tupi de Televisão. Nesse caso, entretanto, nas discussões suscitadas pelo templo de Ferros destacar-se-ia mais uma cobertura "anedótica" do episódio, na qual os debates se concentrariam menos em sua representatividade no campo da arte sacra moderna do que nos ataques moralistas dirigidos ao painel. Trata-se, enfim, de outra história...[253]

Caso a construção da moderna Matriz fosse concluída pouco tempo após a demolição da antiga igreja dedicada a Sant'Ana, teria sido o desfecho dessa narrativa diferente? É bastante provável que não. No entanto, não há por que partirmos para nossa análise ancorados de antemão por um julgamento que se mostra anacrônico, contaminado pela ilusão da visão retrospectiva, apontada por François Furet[254] como "a doença profissional do historiador". As tentativas de instauração de novos começos a partir da interferência imediata no nível simbólico representada pela arquitetura não deixam de ser relevantes e reveladoras, talvez um primeiro passo importante para a imaginação de uma sociedade outra. Se hoje sabemos terem sido aquelas iniciativas insuficientes para a concretização dos anseios daqueles homens e mulheres, isso não invalida a força do meio – de sua "materialidade" representada pelas

---

[253] Padre José Casimiro e Yara Tupinambá foram entrevistados ao vivo por Flávio Cavalcanti. Em parte da entrevista, transcrita por Gonçalves (s/d, p. 19), Padre José afirma:"A nossa igreja de Ferros, que é em linhas arquitetônicas modernas e avançadas, tem um movimento de linhas convergentes para o centro como se cada um de nós tem a sua estrada, o seu caminho. O importante é chegar ao Cristo. É um movimento que conduz, através das linhas arquitetônicas, até o ponto culminante, o ponto central da Igreja, que é o Cristo Ressuscitado. Então, esse movimento, fez com que eu acolhesse essa pintura, aceitasse esse trabalho do mural, que nos primeiros dias, foi até bem recebido por todos. Depois, alguns puritanos, algumas pessoas, querendo dar uma de moralistas e lições para a sociedade, começaram logo a assacar piadas contra o painel".

[254] Furet, ainda que numa generalização temerosa, define o historiador como um "eterno redutor das virtualidades de uma situação a um futuro único, pois somente este último aconteceu" (1989, p. 35-6).

construções edificadas pelo homem – na conformação do imaginário social, das instituições estabelecidas pelo coletivo anônimo.

Há que se refletir, contudo, sobre sua capacidade ou incapacidade de, sozinho, gerar significações fortes o suficiente para romper fechamentos de sentido de uma dada sociedade. Provavelmente, a resposta negativa a essa questão tem sido repetidamente constatada na experiência modernizadora das chamadas "periferias do capitalismo". Mas essa constatação não ajuda a entender nem dimensionar a capacidade transformadora daquilo que Raoul Girardet[255] chamaria de fenômeno de não identificação, que ocorre quando "o nós torna-se eles". Em outras palavras, não devemos jamais desprezar, em nome de um juízo de valor que reputa à suposta ingenuidade dos atores sociais o insucesso de suas empreitadas, a força e o alcance da efervescência mitológica constatada quando um grupo minoritário toma consciência de sua singularidade e torna-se ele próprio impulso motriz de uma série de ações informadas por novas significações.

O caso é que não se encontrou naqueles momentos uma comunidade de sentido representativa o suficiente para promover a passagem de uma simples interferência arquitetônica à ação criadora propriamente dita – ação criadora que se dá por excelência não apenas no domínio da arte, mas também no domínio da filosofia (o questionamento da validade das instituições sociais) e da política (a deliberação sobre a pertinência e, se for o caso, a transformação das instituições sociais), sem os quais se inviabiliza a consolidação das intenções daqueles grupos minoritários de transformar o social-histórico, de promover uma passagem ao "mundo moderno". Resta nos debruçarmos sobre os limites encontrados por esses mesmos grupos minoritários nessas ocasiões.

Seria uma interferência no campo da heteronomia – a construção de um templo modernista – capaz de impulsionar o comportamento autônomo que gera alteridade, que propõe novas determinações para o social-histórico? Talvez para aqueles que já apresentavam um certo estranhamento em relação ao conjunto de práticas políticas e às próprias condições materiais do município de Ferros, a perspectiva da nova igreja modernista tenha surgido como um incentivo a mais para que

---

[255] Cf. GIRARDET. *Mitos e mitologias políticas*, 1987.

agissem no sentido de fazer serem formas outras de coexistência social e individual, através da proposição de um espaço de debates sobre o futuro daquela cidade: o jornal. Mas, para o restante da comunidade, aqueles cuja busca psíquica de sentido para o mundo permanecia perfeitamente informada pelo conjunto das significações imaginárias sociais instituídas, o efeito poderia ter sido até mesmo contrário. Nesses, a melancolia gerada pela destruição do antigo templo católico teria gerado um efeito capaz de neutralizar qualquer possibilidade de que a moderna Matriz de Sant'Ana impulsionasse efetivamente nos indivíduos a adoção do comportamento autônomo indicado pela juventude ferrense, através do seu jornal, como o caminho para se transformar a realidade do município.[256]

Hoje, a população de Ferros parece se incomodar com o violento contraste verificado em sua praça principal. O templo modernista, outrora símbolo das aspirações e do investimento de alguns no sentido da modernização da cidade, oculta-se à medida que crescem diversas árvores recentemente plantadas no seu entorno. Talvez, buscando reduzir a monumentalidade desejada e efetivamente alcançada pela arquitetura modernista, estejam os ferrenses empenhados em esquecer a destruição do antigo templo de Sant'Ana, imagem que ainda perturbaria profundamente muitos dos antigos fiéis daquela paróquia. Ou seria uma tentativa de reduzir os impactos na paisagem local daquele edifício, que passou a representar, efetivamente, a inconsistência de um projeto de modernização? O fato é que, longe de evocar orgulho cívico, a lembrança do plebiscito organizado por Padre Lage naquela distante época traz à memória dos ferrenses mais antigos o sentimento de revolta e arrependimento. Curiosamente, mesmo os mais empenhados na campanha pela moderna Matriz se veem, naquela época, como vítimas da sua própria ingenuidade e da bem-arquitetada ação dos clérigos.

---

[256] "Os homens sempre sonharam com máquinas liberadoras. Mas estas máquinas, por definição, não existem. Isto não quer dizer que o exercício da liberdade seja completamente indiferente à distribuição espacial, mas isto só funciona quando existe uma certa convergência; no caso de divergência ou distorção imediatamente acontece o oposto do que se pretendia" (FOUCAULT, 1994, p. 140).

Há alguns anos, outro edifício de valor histórico da cidade – que, segundo o irônico artigo do jornal *Ferros*, formava com a Matriz de Sant'Ana e o prédio do Fórum o "trio do cai-não-cai" – acabou ruindo, dado o estado de abandono no qual se encontrava: o prédio da antiga Escola Normal. Apesar de ter ali funcionado, outrora, um dos maiores centros de formação de professores da região, que atraía alunos de diversos lugares e impunha uma dinâmica diferente à cidade (como vimos), parece que, no imaginário dos habitantes de Ferros sobre a renovação arquitetônica, uma pergunta não pronunciada passou a ecoar teimosamente, mesmo entre aqueles que atualmente defendem a preservação das construções mais antigas da cidade. Uma vez destruída a Igreja Matriz, qual outro edifício antigo não seria "digno mesmo apenas da paixão dos historiadores passadólatras?"(ASSUNÇÃO, 1961, p. 2).

Templos modernos, templos ao chão

Um dos problemas mais caros aos historiadores contemporâneos, ligado ao esforço racionalizador da "micro-história", diz respeito à reavaliação dos modelos vigentes para lidar com os fenômenos sociais. Como se sabe, os modelos predominantes até a década de 1980 fracassaram, em linhas gerais, no tratamento das transformações históricas, principalmente porque subestimaram a capacidade inventiva dos indivíduos perante os sistemas normativos.

A crise epistemológica decorrente desse fracasso levou muitos estudiosos ao relativismo irracionalista, mas também estimulou a reaproximação entre a história e as ciências sociais, no sentido de buscarem, conjuntamente, a reformulação de seus modelos de análise a partir do chamado "jogo de escalas". Sob tal perspectiva, as formulações macroteóricas sobre a ação e o conflito na sociedade deveriam ser continuamente matizadas pelo trabalho experimental daqueles historiadores atentos às margens de imprevisibilidade e criatividade do comportamento individual, de maneira a permitir uma abordagem mais próxima da complexidade observada nas relações sociais.

O jogo de escalas realizado neste trabalho, a partir do caso ocorrido em Ferros, revelou-nos boa parte do largo repertório de significações atribuídas aos templos modernistas durante o auge do desenvolvimentismo no Brasil. Ele também mostrou-nos toda a tensão existente entre a capacidade mobilizadora da arquitetura modernista e os limites de sua eficácia em instaurar novas formas efetivas de sociabilidade no país.

Vimos que a polêmica em torno daquela demolição ocorrida no interior mineiro foi um episódio informado, ao mesmo tempo, por diferentes formas de relação com o passado e pela crescente polarização entre setores católicos de Belo Horizonte, no princípio dos anos 1960, no que diz respeito a concepções litúrgicas e políticas.

Por outro lado, ao constatarmos o silêncio das autoridades responsáveis pela preservação do patrimônio histórico e artístico quanto ao caso da antiga Matriz de Sant'Ana, pudemos confirmar outra tendência da época, qual seja, a desvalorização dos templos católicos que fugiam, esteticamente, da "legítima" linhagem da arquitetura nacional, conforme estabelecida pelos modernistas da época.

Analisar os pormenores de todos os episódios análogos àquele ocorrido na pequena cidade de Ferros seria, sem dúvida, uma tarefa desproporcional ao porte desta pesquisa. Parece-nos evidente, contudo, a necessidade de novos estudos nessa área, enfocando não apenas o território mineiro. É o que sugerem casos como o de Bragança Paulista,[257] Blumenau[258] e Maringá,[259] por exemplo.

---

[257] No caso de Bragança Paulista, a primeira Igreja Matriz, de 1764, foi demolida em 1920 para dar lugar a um templo em estilo eclético. Este, por sua vez, foi demolido em 1965 para ceder lugar a uma catedral modernista. Cf. CATEDRAL... *Acrópole*, p. 39-41, jan./fev. 1967.

[258] Como demonstra Roberto Caresia, a cidade de Blumenau, fundada em 1850 por imigrantes alemães, passa a ser alvo de uma intensa "Campanha de Nacionalização", principalmente a partir da implantação do Estado Novo. O uso do idioma alemão é censurado e há a imposição de livros didáticos brasileiros nas escolas locais. Com o alinhamento do Brasil aos países aliados, na Segunda Guerra Mundial, cresceria ainda mais a repressão aos elementos culturais germânicos predominantes em Blumenau, identificados como rudes, expressões de uma mentalidade atrasada e ignorante. Ainda segundo Caresia (2000, p. 173), "neste caso, há também o termo pejorativo 'alemão batata', que traz uma intenção de ridicularizar o germânico, como sinônimo de retrocesso e atraso cultural, de algo que está ultrapassado, fazendo parte de um passado que, quando relembrado ou revisto em seus aspectos cotidianos, geralmente é encarado de forma depreciativa". Se os costumes serão vistos como antiquados, o mesmo aconteceria com a paisagem da cidade, apreendida cada vez mais como uma falsa réplica da decadente Europa, e distante, portanto, dos novos referenciais de modernidade provenientes dos Estados Unidos. Com efeito, a construção de novas vias de transporte havia facilitado o fluxo de mercadorias, transformando aos poucos os hábitos de consumo da cidade. Influenciados pela intensa propaganda norte-americana, difusora do *American Way of Life*, os habitantes de Blumenau assistem à instalação de uma fábrica da Coca-Cola na cidade, e anseiam pela modernização. Desativa-se a navegação do Rio Itajaí, e o uso de automóveis e caminhões é estimulado. Pontes e novos trechos ferroviários são inaugurados, e os edifícios mais antigos, como aqueles construídos pela técnica enxaimel (adaptada pelos imigrantes alemães aos materiais disponíveis naquela região), se transformam em símbolos de uma época a ser superada. A antiga Matriz de São Paulo Apóstolo, construída em

Em termos gerais, a afinidade entre a proposta modernista de se deixar a função decorativa principalmente para as linhas e os volumes e a ênfase "cristocentrista" do chamado Movimento Litúrgico acabou favorecendo a aproximação entre a Igreja católica e os arquitetos modernistas. Contudo, a maior adequação da arquitetura modernista aos princípios litúrgicos renovados não foi o único fator determinante na polêmica "temas sacros/arte moderna", própria do período: na visão de certos setores do clero e do laicato católicos, os templos modernos expressariam materialmente a eficácia da Igreja não apenas em se adequar aos novos tempos, mas também em antecipá-los.

Para além das questões puramente técnicas e formais, a arquitetura modernista se caracterizou entre nós por certos pressupostos (ancorados num determinismo ambiental) que investiam na suposta eficácia da técnica como elemento instaurador de modernidade. No caso da arquitetura religiosa no Brasil, como vimos, toda a carga afetiva geralmente atribuída a seus templos pelas comunidades acabou sendo responsável pela dramática ampliação da crença na capacidade de os edifícios modernos responderem à "angústia do atraso" das sociedades tidas como periféricas. O fascínio despertado pelo moderno – potencializado pela ideia de eternidade – acabou por justificar em última instância também a demolição de inúmeras edificações religiosas antigas pelo Brasil.

1875 por Henrique Krohberger, em estilo neogótico, é demolida em 1953 para dar lugar a um templo mais amplo, em estilo moderno: "Se antes a igreja, com seu estilo 'gótico', lembrava uma paisagem européia, agora sua arquitetura 'descomplicada' não deixa dúvidas quanto a que lugar representar: nenhum em especial, uma vez que a intenção de tal arquitetura 'moderna' é a de representar não um lugar específico (o regional), mas sim, a de representar um lugar comum, 'universal'. [...] A nova igreja, portanto, faz parte dos discursos da modernidade, do avanço tecnológico, os quais exigem novas formas e novas representações para seus sentidos e significados". (CARESIA, 2000, p. 179-180). Cf. CARESIA. Blumenau: a modernização urbana: alterando costumes (1940-1960). In: FERREIRA; FROTSCHER. *Visões do Vale: perspectivas historiográficas recentes*, 2000. p. 171-183.

[259] Ostentando formas inspiradas no satélite Sputnik, a Catedral de Maringá é o templo mais alto da América do Sul (124 m). Sua pedra fundamental foi lançada em 1958, mas a construção seria concluída apenas 14 anos depois. Cf. *Arquidiocese de Maringá: histórico*. Disponível em: <http://www.arquimaringa.org.br/site/historia>. Acesso em: 14 abr. 2011.

Muitos exemplos mineiros precederam o caso da "duas vezes secular" Matriz de Sant'Ana, de Ferros, ou se juntaram a ele enquanto perdurou o desprezo das autoridades por edificações que fugissem aos padrões artísticos considerados canônicos, próprios do tão aclamado Barroco mineiro. Se as comunidades católicas não puderam contar com o importante reforço simbólico e político dessas autoridades na luta pela preservação de seus templos, resta a constatação de que, em cidades como Cataguases,[260] Carmo do Rio Claro, Piranga e Lagoa Santa, os antigos templos católicos demolidos sobreviveram, pelo menos como carência, nas memórias locais.

---

[260] A cidade mineira de Cataguases é considerada pioneira. Não apenas no que se refere ao chamado "Movimento Verde", que desde os anos 1920 havia ligado a produção literária local ao pensamento modernista brasileiro, mas também em razão de suas realizações no campo da arquitetura. Selma Melo Miranda (1996) afirma que um forte ponto de contato entre os modernistas da década de 1920 e as experiências arquitetônicas realizadas na cidade a partir dos anos 1940 seria "a convicção de que a reformulação artística e arquitetônica constituía um poderoso instrumento de transformação da sociedade". Segundo a autora: "Praticamente ao mesmo tempo em que Kubitschek convida Oscar Niemeyer para projetar o conjunto da Pampulha, Francisco Peixoto [industrial e escritor] encomenda ao arquiteto o projeto de sua residência e, pouco depois, o do Colégio de Cataguases. No espaço de uma década construiu-se nesta cidade um acervo arquitetônico notável, ampliado na década de 50 por inúmeras outras realizações. Em sua concretização participaram arquitetos de primeira grandeza no quadro da nova arquitetura, como Aldary Toledo, Carlos Leão, Francisco Bolonha, Flávio de Aquino e Edgar do Valle, além de Niemeyer. [...] Importante elemento para a difusão da arquitetura moderna na cidade, a Igreja Matriz teve, entretanto, construção tumultuada em processo iniciado em 1944 e concluído somente em 1968". A explicação para a demora, ainda de acordo com Miranda, poderia passar pela escala do empreendimento, bem maior do que a aplicada por Niemeyer na Capela da Pampulha. Mas outra hipótese poderia dizer respeito à demolição do antigo templo. Afinal, parece ter havido certa "[...] resistência da sociedade local em relação a uma igreja moderna, não só pelo novo aspecto formal mas também pelo significado da matriz neogótica no que respeite a memória da população cataguasense. De resto, basta ver o qüiproquó surgido com a igrejinha da Pampulha para supor a grande polêmica que deve ter ocasionado o projeto moderno da Santa Rita da cidade. [...] Nota-se claramente a intenção de transformar a cidade mediante um processo que, logo de início, envolve edifícios de grande significado simbólico como a igreja e o teatro. Revela-se, portanto, uma característica do movimento da nova arquitetura que consiste na implicação da reformulação arquitetônica à rede simbólica de um modelo político". Cf. MIRANDA. *Cataguases: um olhar sobre a modernidade*, 1996.

A crescente democratização das políticas conservacionistas e a disseminação da sensibilidade histórico-antropológica – inclusive entre as autoridades eclesiásticas – contribuíram para que diminuísse sensivelmente o número de demolições de antigos templos católicos nas últimas décadas. Mas nosso trabalho terá cumprido sua função se também contribuir, de alguma forma, para qualificar criticamente a fruição contemporânea das edificações modernistas, contrapondo o fascínio de outrora ao reconhecimento das inconsistências políticas de nossos recorrentes sonhos tecnocráticos de modernização.

Referências

a) Fontes primárias citadas

ANTEPROJETO para capela; anteprojeto de Simão Goldman, arq. *Acrópole*, São Paulo, n.306, p. 49, maio 1964.

ANTUÑA, Dimas. La Iglesia Casa de Dios. *A Ordem*, Rio de Janeiro, v. 22, n. 28, p. 387-415, jul./dez. 1942.

A PROPÓSITO de arte plástica antiga. *Diário da Noite*, Rio de Janeiro, p. 2., 18 jul. 1947.

ARQUITETURA e religião. *Habitat*, São Paulo, n.4, p. 77, 1951.

ARQUITETURA e urbanismo na Usina Salto Grande – Capela; projeto de Ícaro de Castro Mello e Zenon Lotufo. *Habitat*, São Paulo, n.40/1, p.30-43, mar./abr. 1957.

ARTE Cristã. *O Diário*, Belo Horizonte, p.2, 18 nov. 1943

ASSUNÇÃO, Dr. Alcides Fernandes. Voz e Mímica. *Ferros*, Ferros, n.1, p.2, 5 mar. 1961.

ATA da Sessão de 15 de Abril de 1961. *Revista do Instituto Histórico e Geográfico de Minas Gerais*, Belo Horizonte, v.8, 1961, p.506-7.

AUGUSTO de Lima Júnior. *Revista do Instituto Histórico e Geográfico de Minas Gerais*, Belo Horizonte, v.9, p.384-5, 1962.

AUGUSTO de Lima. "Igreja moderna de Ferros é manobra comunista". *Última Hora*, 14 mar. 1961, p. 1 e 3.

BARROSO, Gustavo. A defesa do nosso passado. *Anais do Museu Histórico Nacional*, Rio de Janeiro, v. 4., p.579-585, 1943.

BAZIN, Germain. A Igreja de S. Francisco de Assis. *Arquitetura, Engenharia, Belas Artes*. Belo Horizonte, v.1, n.2, p.16-18, 28, s/d.

BERNARD, Pe. José, S. J. Exageros na Arte Sacra. *Revista Eclesiástica Brasileira*, Rio de Janeiro, v.19, n.4, p.882-95, dez. 1959.

BURNIER, Frei Martinho Penido. O significativo plebiscito de Ferros. *O Diário*, Belo Horizonte, 2 mar. 1961, p.6 e 12.

CALIXTO, João. A arte nas igrejas. *A Ordem*, Rio de Janeiro, v.35, n.54, p.189-203, jul./dez. 1955.

CAMPOS, Ápio. Arte sacra em estilo moderno. *A Ordem*, Rio de Janeiro, v.37, n.57, p.373-8, jan./jun. 1957.

CATEDRAL de Brasília; projeto de Oscar Niemeyer. *Habitat*, São Paulo, n.51, p.2-3, nov./dez. 1958.

CAPELA de N. S. das Graças, Bico de Pedra, Ouro Preto; projeto de Eduardo Mendes Guimarães, arq. *Arquitetura, Engenharia, Belas Artes*, Belo Horizonte, v.2, n.10, p.20.

CAPELA de São Domingos; projeto de Antônio Carlos Ekman Simões, arq. *Habitat*, São Paulo, n.19, p.7-9, nov./dez. 1954.

CAPELA de Nossa Senhora de Fátima, Brasília; projeto de Oscar Niemeyer, arq. *Acrópole*, São Paulo, n.256/7, p.102-3, fev./mar. 1960.

CAPELA de São Francisco da Pampulha; arq. Oscar Niemeyer. *Arquitetura e Engenharia*, Belo Horizonte, n.2, p.40-4, jul./ago. 1946.

CAPELA e escolinha para Vila Operária, Recife; projeto de Edison R. Lima, arq. *Acrópole*, São Paulo, n.236, p.402-3, jun. 1958.

CAPELA e velório, Jundiaí-SP; projeto de Carlos Funes, arq. *Acrópole*, São Paulo, n.308, p.46-7, jul. 1964.

CAPELA em Itajaí – Santa Catarina; projeto de Marcos Konder Netto, arq. *Arquitetura e Engenharia*, Belo Horizonte, n.33, p.11-3, out./dez. 1954.

CAPELA em Montes Claros; projeto de Geraldo Mércio Guimarães, arq. *Arquitetura e Engenharia*, Belo Horizonte, n.57, p.20, maio/jun. 1960. CAPELA filial; projeto de Arthur Lício M. Pontual. *Arquitetura e Engenharia*, Belo Horizonte, n.37, p.6, nov./dez. 1955.

CAPELA em Presidente Venceslau; projeto de Abelardo de Souza, arq. *Habitat*, São Paulo, n.65, p.4, 1961.

CAPELA Nossa Senhora das Vitórias; projeto de Paraizo de Jesus, Carlos Valente, J. Ricardo de Abreu e Leonardo Fialho. *Arquitetura e Engenharia*, Belo Horizonte, n.33, p.16, out./dez. 1954.

CAPELA rural; projeto de José Luiz Fleury de Oliveira, arq. *Acrópole*, São Paulo, n.243, p.98-9, jan. 1959.

CAPELA para o Jardim Virginia, em Guarujá, Est. de São Paulo; projeto de Edoardo Rosso, Rodolfo Almeida Fernandes e Yoshimasa Kimachi, arqs. *Habitat*, São Paulo, n.40/1, p.44-5, mar./abr. 1957.

CASTRO, Celso Falabella de. Matriz de Santana de Ferros. *Estado de Minas*, Belo Horizonte, 26 mar. 1961. 2 cad., p.3.

CATEDRAL de Bragança Paulista; projeto de Antônio Carlos Faria Pedrosa, arq. *Acrópole*, São Paulo, n.336, p.39-41, jan./fev 1967.

CATEDRAL; projeto de Hélcio Salles Tito. *Arquitetura, Engenharia, Belas Artes*, Belo Horizonte, v.3, n.11, p.59-61.

UMA CAPELA no Rio de Janeiro; projeto de Paulo Hamilton Case, arq. *Habitat*, São Paulo, n.27, p.37-9, fev. 1956.

CEREJEIRA, D. Manoel Gonçalves. Sobre Arte Sacra; Carta Pastoral do Senhor Cardeal Patriarca de Lisboa, Dom Manuel Gonçalves Cerejeira, quando da solene inauguração da Igreja de S. João de Deus, na Praça de Londres, no dia litúrgico do Santo Português (8 de março). *Vozes*, Petrópolis, v.11, n.6, p.659-64, nov./dez. 1953.

COM VOTOS de cor, devotos dirão se Ferros deve ou não ter uma igreja moderna. *Jornal do Brasil*, Rio de Janeiro, fev. 1961.

COMUNICAÇÕES. Notas de arte sacra. *Revista Eclesiástica Brasileira*, Rio de Janeiro, v.26, n.1, p.111-2, mar. 1966.

CONSTANTINI, Cardeal Celso. Uma nova "festa asinorum et stultorum". *Revista Eclesiástica Brasileira*, Rio de Janeiro, v.17, n.2, p.379-80, jun. 1957.

CONSTANTINI, Mons. G. O clero e os artistas. *Diário da Noite*, Rio de Janeiro, p.2, 21 nov. 1947.

CONSTITUIÇÃO sobre a Sagrada Liturgia. Cap.VII – Da arte sacra e das sagradas alfaias. *Revista Eclesiástica Brasileira*, Rio de Janeiro, v.23, n.4, p.1040-6, dez. 1963.

COSTA LIMA, J. da. História da Moderna Estética Religiosa. *Revista Eclesiástica Brasileira*, Rio de Janeiro, v.2, n.2, p.529-36, jun. 1942.

CRÔNICA da Arquidiocese. Ferros. *O Arquidiocesano*, Mariana, n.66, p.3, 18 dez. 1960,.

CRÔNICA Eclesiástica. A nova heresia na arte sacra. *Revista Eclesiástica Brasileira*, Rio de Janeiro, v.16, n.2, p.507-8, jun. 1956.

CRÔNICA Eclesiástica. Advertência do Santo Oficio contra a deturpação da arte sacra moderna. *Revista Eclesiástica Brasileira*, Rio de Janeiro, v.7, n.2, p.452, jun. 1947.

CRÔNICA Eclesiástica. Sociedade Brasileira de Arte Sacra. *Revista Eclesiástica Brasileira*, Rio de Janeiro, v.7, n.1, p.214-215, mar. 1947.

CUOCO, Antônio. Tradição e modernidade na arte sacra. *Habitat*, São Paulo, n.25, p.92-3, dez. 1955.

DIAS, Marco Antônio R. Povo de ferros disse "sim" à igreja moderna. *O Diário*, Belo Horizonte, p.1 e 5, 7 mar. 1961.

DOCUMENTAÇÃO. Admoestação do S. Oficio sobre a Arte Sacra. *Revista Eclesiástica Brasileira*, Rio de Janeiro, v.15, n.4, p.989, dez. 1955.

DOCUMENTAÇÃO. Carta Pastoral do Arcebispo de Belo Horizonte sobre a Ação Católica. *Revista Eclesiástica Brasileira*, Rio de Janeiro, v.3, n.2, p.502-26, jun. 1943.

DOCUMENTAÇÃO. Circular da Sagrada Congregação dos Seminários ao Episcopado do Brasil. *Revista Eclesiástica Brasileira*, Rio de Janeiro, v.10, n.2, p.471-7, jun. 1950.

DOCUMENTAÇÃO. Instrução da Suprema Congregação do Santo Ofício sobre a arte sacra. *Revista Eclesiástica Brasileira*, Rio de Janeiro, v.12, n.3, p.696-8, set. 1952.

DOCUMENTAÇÃO. O problema da revisão das tradições. *Revista Eclesiástica Brasileira*, Rio de Janeiro, v.29, n.4, p.960-1, dez. 1969.

DOCUMENTAÇÃO. Pio XI e a Arte sacra moderna. *Revista Eclesiástica Brasileira*, Rio de Janeiro, v.8, n.3, p.703-4, set. 1948.

E AGORA Mardônio? *Ferros*, Ferros, n.11/12, p.4, jan./fev. 1962.

ECKHARDT, Dr. P. A significação da arte medieval para a vida artística moderna. *A Ordem*, Rio de Janeiro, v.12, n.8, p.107-12, jul./dez. 1932.

EM PLEBISCITO, povo de Ferros decidirá domingo se projeto para Matriz de Sant'Ana serve ou não. *O Diário*, Belo Horizonte, p.6, 1 mar. 1961.

ESTUDO para um santuário, Curitiba; projeto de Teodoro Rosso, eng. arq. *Acrópole*, São Paulo, n.237, p.453, jul. 1958.

FERROS: "referendum" para igreja moderna. *Última Hora*, Belo Horizonte, p.1 e 9, 3 mar. 1961.

FIDELIDADE aos requisitos funcionais, a exigência básica para os projetos de igrejas. *O Diário*, Belo Horizonte, p.6, 7 mar. 1961.

GONÇALVES, Antônio Aluízio. Ferros: cidade sem sol. *Ferros*, Ferros, n.3, p.1, 15 abr. 1961.

GONÇALVES, Antônio Aluízio. Início de conversa. *Ferros*, Ferros, n.4, p.1, 14 maio 1961.

GONÇALVES, Antônio Aluízio. Início de conversa. *Ferros*, Ferros, n.5, p.1, 15 jun. 1961.

GONÇALVES, José Virgílio. A Procissão dos 40 Andores. *Ferros*, Ferros, n.5, p.1, 15 jun. 1961.

GONÇALVES, José Virgílio. Manuscrito. *Ferros*, 23 p., s/d.

GUIMARÃES, Eduardo. Editorial. *Arquitetura e Engenharia*, Belo Horizonte, n.33, p.1, out./dez. 1954.

GUIMARÃES, Mardônio dos Santos. 5 mar. 1961. Entrevista a respeito do projeto para nova Igreja Matriz de Ferros, concedida ao jornal Estado de Minas. (mimeogr. - arquivo pessoal de Mardônio dos Santos Guimarães).

IDÉIAS e fatos. Pio XII condena "a arte pela arte". *Vozes*, Petrópolis, v.14, n.2, p.215-17, mar./abr. 1956.

IGREJA Nossa Senhora Aparecida, Campinas; ante-projeto de Ícaro de Castro Mello, arq. *Habitat*, São Paulo, n.19, p.10-2, nov./dez. 1954.

IGREJA Nossa Senhora do Rosário; projeto de Luiz Contrucci, arq. *Acrópole*, São Paulo, n.194, p.5-7, nov. 1954.

IGREJA Nossa Senhora do Rosário, Passos, M.G.; projeto de Daude Jabbur, arq. *Arquitetura e Engenharia*, Belo Horizonte, n.39, p.10-1, 1956.

UMA IGREJA; projeto de Cláudio Jorge Gomes Souza. *Arquitetura, Engenharia, Belas Artes*, Belo Horizonte, v.1, n.2, p.44.

UMA IGREJA; projeto de Alfeu Martini. *Arquitetura, Engenharia, Belas Artes*, Belo Horizonte, v.1, n.2, p.52.

IGREJA católica; projeto de M.M.M. Roberto, arqs. *Arquitetura e Engenharia*, Belo Horizonte, n.26, p.8, maio/jun. 1953.

IGREJA em Grumarim; projeto de Ronaldo Rocha, José Reznik, Osmar Castro e Yanar Santos, arqs. *Arquitetura e Engenharia*, Belo Horizonte, n.33, p.14-5, out./dez. 1954.

IGREJA de Punta Ballena, Uruguai; projeto de Luiz Garcia Pardo, arq. *Habitat*, São Paulo, n.17, p.20, jul./ago. 1954.

IGREJA de São Domingos; projeto de Sérgio W. Bernardes, arq. *Arquitetura e Engenharia*, Belo Horizonte, n.33, p.17-20, out./dez. 1954.

IGREJA em Baurú; projeto de Fernando Ferreira de Pinho, arq. *Acrópole*, São Paulo, n.302, p.52-3, jan. 1964.

IGREJA em São Caetano, SP; projeto de Carlos B. Millan, arq. *Acrópole*, São Paulo, n.317, p.33-5, maio 1965.

IGREJA na Rodovia Presidente Dutra; projeto de Abelardo de Souza, arq. *Habitat*, São Paulo, n.17, p.18-9, jul./ago. 1954.

KLAUSER, Theodor. Diretivas para a construção das igrejas segundo o espírito da liturgia romana. *Revista Eclesiástica Brasileira*, Rio de Janeiro, v. 15, n. 2, p. 370-6, jun. 1955.

LAGE, Maria S. da Costa. Acorda aquela que dormiu cem anos. *Ferros*, Ferros, n. 2, p. 3, 23 mar. 1961.

LAGE, Maria S. da Costa. Conversa com Patrícios. *Ferros*, Ferros, n.3, p.4, 15 abr. 1961.

LAGE, Maria S. da Costa. Estante. *Ferros*, Ferros, n.8, p.4, set. 1961.

LAGE, Maria S. da Costa. Ferros já tem Câmara Júnior. *Ferros*, Ferros, n.4, p.1 e 3, maio 1961.

LAGE, Maria S. da Costa. Quanto mais quente melhor. *Ferros*, Ferros, n.7, p.2-3, ago. 1961.

LAGE, Otacílio Ferreira. História de Ferros tem página nova com igreja cara. *Diário de Minas*, Belo Horizonte, p. 2, 14 ago. 1967.

LEÓN, Ponce de. Sim ou não: referendum popular para a igreja moderna. *Binômio*, Belo Horizonte, p.8, 6 fev. 1961.

LIMA JÚNIOR, Augusto de; FERNANDES, Clemente Medrado. *Dois discursos*. Belo Horizonte: IHGMG/Imprensa Oficial, 1960.

LIMA JÚNIOR, Augusto de. *A capitania de Minas Gerais (Origens e Formação)*. Belo Horizonte: Instituto de História, Letras e Arte, 1965.

LIMA JÚNIOR, Augusto de. *Arte religiosa*. Belo Horizonte: Instituto de História, Letras e Arte, 1966.

LIMA JÚNIOR, Augusto de. Em qualquer página. *Diário de Minas*, Belo Horizonte, p.4, 16 mar. 1961.

LIMA JÚNIOR, Augusto de. Em qualquer página. *Diário de Minas*, Belo Horizonte, p.4, 17 mar. 1961.

LIMA JÚNIOR, Augusto de. *História de Nossa Senhora em Minas Gerais (Origens das principais evocações)*. Belo Horizonte: Imprensa Oficial, 1956.

LIMA JÚNIOR, Augusto de. Modernismos. In: *Serões e vigílias (Páginas avultas – primeira série)*. Rio de Janeiro: Livros de Portugal, 1952.

LIMA JÚNIOR, Augusto de. O espírito integralista da Inconfidência Mineira. In: ENCICLOPÉDIA Integralista. Rio de Janeiro: Livraria Clássica Brasileira, 1960. v. 3, p. 85-8.

LIMA JÚNIOR, Augusto de. Protesto contra a demolição da igreja de Ferros. *Estado de Minas*, p.8, 12 mar. 1961.

LIMA JÚNIOR, Augusto de. Arte e Cristianismo. *A Ordem*, Rio de Janeiro, v.25, n.34, p.12-7, jul./dez. 1945.

LIMA, Alceu Amoroso. Consagração de um Templo Novo. *A Ordem*, Rio de Janeiro, v.17, n.17, p.159-66, jan./jun. 1937.

LIMA, Alceu Amoroso. Maritain e a Arte. *A Ordem*, Rio de Janeiro, v.28, n.39, p.240-63, jan./jun. 1948.

LIVRO de Tombo da Igreja Matriz de Santana. Ferros, 1959-76.

LIVRO de Tombo da Paróquia de N. S. das Dores da Floresta. Belo Horizonte, 1956-62.

LOPES JÚNIOR, Dr. Caetano. Templos para os nossos dias. *Revista Eclesiástica Brasileira*, Rio de Janeiro, v. 8, n. 3, p. 589-98, set. 1948.

LUZES da Ribalta. *Ferros*, Ferros, n. 1, p. 2, 5 mar. 1961.

MANIFESTAÇÕES contrárias à demolição da igreja de Ferros. *Estado de Minas*, Belo Horizonte, p.1, 18 mar. 1961.

MARTELADAS do Martilim. *Ferros*, Ferros, n.9, p.3, out. 1961.

MARTINS, Pe. Dom Gerardo, O. S. B. O sentido cristão da arte. *Revista Eclesiástica Brasileira*, Rio de Janeiro, v.15, n.4, p.907-17, dez. 1955.

MATRIZ de Ferros será em linhas modernas, segundo o voto de 3590 cidadãos. *Jornal do Brasil*, Rio de Janeiro, p.8, 8 mar. 1961.

MINAS dá exemplo: analfabeto já vota. *Última Hora*, p.5, 8 mar. 1961.

MOÇAS fazem greve do olhar. *Binômio*, Belo Horizonte, p.1, 16 jan. 1961.

MONTEIRO, Luiz Augusto de Rego. Templos para a idade nova. *A Ordem*, Rio de Janeiro, v.16, n.16, p.14-29, jul./dez. 1936.

MORAES, José Mariz de. O mao gosto litúrgico no Brasil. *A Ordem*, Rio de Janeiro, v.12, n.7, p.426-30, jan./jun. 1932.

NABUCO, Mons. Joaquim. A arte a serviço da igreja. *Revista Eclesiástica Brasileira*, Rio de Janeiro, v.8, n.1, p.1-11, mar. 1948.

NABUCO, Mons. Joaquim. Igrejas para nosso tempo. *Revista Eclesiástica Brasileira*, Rio de Janeiro, v.2, n.1, p.14-22, mar. 1942.

NORMAS para a Conservação do Patrimônio Artístico das Igrejas. *Revista Eclesiástica Brasileira*, Rio de Janeiro, v.31, n.1, 2 e 3, p.710-2, set. 1971.

NOTICIÁRIO. *Diário da Noite*, Rio de Janeiro, p.2, 5 set. 1947.

OLIVEIRA, Dom Oscar de. Normas gerais para construções de igrejas. *O Arquidiocesano*. Mariana, n.12, p.2, 8 nov. 1959.

OLIVEIRA, Dom Oscar de. Normas gerais para construções de igrejas. *O Arquidiocesano*. Mariana, n.16, p.2, 20 dez. 1959.

OLIVEIRA, Dom Oscar de. Normas gerais para construções de igrejas. *O Arquidiocesano*. Mariana, n.17, p.3-4, 27 dez. 1959.

OSWALD, Carlos. A Sociedade Brasileira de Arte Cristã. *Vozes*, Petrópolis, v.8, n.3, p.274-85, maio/jun. 1950.

OSWALD, Carlos. Adorno e religião. *Vozes*, Petrópolis, v.11, n.1, p.31-9, jan./fev. 1953.

OSWALD, Carlos. Arte e fé. *Vozes*, Petrópolis, v.11, n.2, p.168-75, mar./abr. 1953.

OSWALD, Carlos. Arte para a igreja. *Vozes*, Petrópolis, v.7, n.1, p.47-54, jan./fev. 1949.

OSWALD, Carlos. Arte Plástica Cristã Simbólica. *Vozes*, Petrópolis, v. 13, n. 4, p. 389-97, jul./ago. 1955.

OSWALD, Carlos. Arte Sacra Moderna. *Vozes*, Petrópolis, v.8, n.2, p.159-69, mar./abr. 1950.

OSWALD, Carlos. Atividades da Sociedade Brasileira de Arte Cristã. *Vozes*, Petrópolis, v.9, n.5, p.477-85, set./out. 1951.

OSWALD, Carlos. Insistir. *Vozes*, Petrópolis, v.7, n.4, p.426-31, jul./ago. 1949.

OSWALD, Carlos. Matisse. *Vozes*, Petrópolis, v.13, n.1, p.29-35, jan./fev. 1955.

OSWALD, Carlos. O artista cristão. *Vozes*, Petrópolis, v.12, n.3, p.244-52, maio/jun. 1954.

OSWALD, Carlos. S. Francisco e a arte sacra. *Vozes*, Petrópolis, v.10, n.6, p.629-38, nov./dez. 1952.

OSWALD, Carlos. S. Pio X e a arte. *Vozes*, Petrópolis, v.12, n.5, p.473-9, set./out. 1954.

OSWALD, Carlos. SBAC - Arte Cristã. *Diário da Noite*, Rio de Janeiro, 16 maio 1947, p. 2 e 6.

PASSOS, Pe. Dinarte Duarte, C. M. A moderna arquitetura religiosa. *Revista Eclesiástica Brasileira*, Rio de Janeiro, v.4, n.3, p.591-600, set. 1944.

PASSOS, Pe. Dinarte Duarte, C. M. Normas gerais para a construção de um templo. *Revista Eclesiástica Brasileira*, Rio de Janeiro, v.7, n.1, p.94-106, mar. 1947.

PASSOS, Pe. Dinarte Duarte, C. M. A Função da estética na liturgia. *Revista Eclesiástica Brasileira*, Rio de Janeiro, v.11, n.1, p.201-510, mar. 1951.

PIMENTA, Célio et. al. Normas litúrgicas para igrejas: esclarecimentos. *Acrópole*, São Paulo, n.387, p.23-5, ago. 1971.

PINHEIRO, Gerson Pompeu. O sentido plástico da arquitetura religiosa. *Arquitetura e Urbanismo*, Rio de Janeiro, v.3, n.1, p.3-5, jan./fev.1938.

POVO de Ferros vai dar "sim" à igreja moderna. *Binômio*, Belo Horizonte, p.4, 13 fev. 1961.

PRENTKE, Pe. Damião, S. D. S. Arquitetura Eclesiástica Moderna, Sim ou Não? *Revista Eclesiástica Brasileira*, Rio de Janeiro, v.19, n.1, p.108-14, mar. 1959.

PRENTKE, Pe. Damião, S. D. S. Arte eclesiástica e tradição cristã. *Vozes*, Petrópolis, v.51, n.11, p.827-36, nov. 1957.

PROJETO para capela, Butantã, SP; projeto de João Roberto Leme Simões, arq. *Acrópole*, São Paulo, n.334, p.29-31, nov. 1966.

QUINTÃO, José Maria. *Conversando. Ferros*, Ferros, n.4, p.4, 14 maio 1961.

REAL, Regina M. S. Francisco de Assis da Pampulha. *Diário da Noite*, Rio de Janeiro, p.2, 12 set. 1947.

RIBEIRO, Fábio Alves. A propósito de arquitetura religiosa. *A Ordem*, Rio de Janeiro, v. 22, n. 27, p. 130-4, jan./jun. 1942.

RIBEIRO, Fábio Alves. Em torno do "movimento litúrgico". *A Ordem*, Rio de Janeiro, v.23, n.30, p.112-28, jul./dez. 1943.

SABATÉ, Salvador Pujals. A arte nos grandes templos. *Diário da Noite,* Rio de Janeiro, p.2, 10 out. 1947.

SANTAYANA, Mauro. Plebiscito inédito. *Estado de Minas*, Belo Horizonte, p.1 e 8, 7 mar. 1961.

SANTUÁRIO de São Judas Tadeu, Rio de Janeiro; projeto de Ângelo A. Murgel e Ulisses P. Bularmaqui, arqs. *Arquitetura e Engenharia*, Belo Horizonte, n.33, p.7-10, out./dez. 1954.

SANTUÁRIO de São Judas Tadeu, Rio, 1956; projeto de Sérgio Wladimir Bernardes, arq. *Habitat*, São Paulo, n.35, p.44-7, out. 1956.

SCHMIEDER, Pe. Godofredo, S. J. Modernismo na arte cristã. *Revista Eclesiástica Brasileira*, Rio de Janeiro, v.15, n.3, p.666-8, set. 1955.

SCHUBERT, Guilherme. Fabricação em série de igrejas. *Diário da Noite,* Rio de Janeiro, p.2 e 6, 23 maio 1947.

SCHUBERT, Guilherme. Apresentação e exame de plantas de construções. *Revista Eclesiástica Brasileira*, Rio de Janeiro, v.17, n.3, p.671-6, set. 1957.

SCHUBERT, Guilherme. Arquitetura sacra e renovação litúrgica. *Revista Eclesiástica Brasileira*, Rio de Janeiro, v.24, n.3, p.699-711, set. 1964.

SE OS ANTIGOS criaram, por que também não o podemos nós? *Ferros*, Ferros, n.1, p.4, 5 mar. 1961.

SEM COMPROMISSO. *Ferros*, Ferros, n.2, p.2, mar. 1961.

SILVA, Ildeu da Silveira e. E por amor à vida perder as razões de viver. *Ferros*, Ferros, n.6, p.2, 20 jul. 1961.

SILVA, Ildeu da Silveira e. Editorial. *Ferros*, Ferros, n.4, p.2, 14 maio 1961.

SILVA, Ildeu da Silveira e. Ferros: a vedete. *Ferros*, Ferros, n.2, p.1, 23 mar. 1961.

SILVA, Ildeu da Silveira e. Luzes da Ribalta. *Ferros*, Ferros, n.9, p.2, out. 1961.

SILVA, Ildeu da Silveira e. Luzes da Ribalta. *Ferros*, Ferros, n.10, p.2, nov. 1961.

SILVA, Ildeu da Silveira e. Luzes da Ribalta. *Ferros*, Ferros, n.11/12, p.2, jan./fev. 1962.

SOUSA, Pe. Bento de. Arte religiosa. *Revista Eclesiástica Brasileira*, Rio de Janeiro, v.10, n.3, p.650-5, set. 1950.

TAUZIN, Frei Sebastião. A igreja da Pampulha. *Vozes*, Petrópolis, v.7, n.4, p.483-6, jul./ago. 1949.

TAVARES DE SÁ, Hernane. Yacht Club de Belo Horizonte. *Seleções do Reader's Digest*, Havana, v.17, n.97, fev. 1950.

UMA PALESTRA sobre arte cristã. *O Diário*, Belo Horizonte, p.2, 10 ago. 1943.

VEIGA, Symphronio. Verde, sinal aberto. *Diário de Minas*, Belo Horizonte, p.1, 7 e 14, 7 mar. 1961.

VIEIRA, José Geraldo. Integridade, pobreza e miséria das casas de Deus. *Habitat*, São Paulo, n.25, p.3-6, dez. 1955.

VILLAÇA, Antônio Carlos. A Igreja e a Arte Moderna. *A Ordem*, Rio de Janeiro, v.39, n.62, p.43-6, jul./dez. 1959.

ZEVI, Bruno. Os valores espirituais da arquitetura. *Arquitetura e Engenharia*, Belo Horizonte, n.33, p.2-6, out./dez. 1954.

b) Obras de referência

CAVALCANTI, Carlos; AYALA, Walmir. (org.). *Dicionário brasileiro de artistas plásticos*. Apresentação de Maria Alice Barroso. Brasília: MEC/INL, 1973-1980. (Dicionários especializados, 5).

COSTA, Eunice R. Ribeiro, CASTILHO, Maria Stella de. *Índice de arquitetura brasileira (1950/70)*. São Paulo: Faculdade de Arq. e Urbanismo da USP, 1974.

ÍNDICE da Revista do IPHAN (1937-78). Disponível em: http://www.artedata.com/crml/pubdig/fhab0201.htm. Acesso em: 26 fev. 2001.

c) Livros, artigos e teses

ABREU, Regina. *A fabricação do imortal (memória, história e estratégia de consagração no Brasil)*. Rio de Janeiro: Lapa/Rocco, 1996.

ALMEIDA, Marcelina das Graças de. *Fé na modernidade e tradição na fé: a Catedral da Boa Viagem e a Capital*. Dissertação (Mestrado em História). – Faculdade de Filosofia e Ciências Humanas da UFMG, Belo Horizonte, 1993.

ANDRADE, Régis de Castro. *A economia do subdesenvolvimento: o Estado e a política na doutrina da CEPAL (1949-1964)*. S.l.: s/d. (Mimeogr.).

ANDRADE, Rodrigo Melo Franco de. *Rodrigo e o SPHAN; coletânea de textos sobre o patrimônio cultural*. Rio de Janeiro: MINC/SPHAN/Pró-Memória, 1987.

ANSON, Peter F. A construção de igrejas. In: Nova ENCICLOPÉDIA Católica. Rio de Janeiro: Renes, 1969. v.10.

ARENDT, Hannah. *A condição humana*. Rio de Janeiro: Forense-Universitária; Rio de Janeiro: Salamandra; São Paulo: Ed. USP, 1981.

AZZI, Riolando. *A neocristandade - um projeto restaurador*. São Paulo: Paulus, 1994.

BACKZO, Bronislaw. Imaginação social. In: ENCICLOPÉDIA Einaudi. Porto: Imprensa Nacional/Casa da Moeda, 1985. v. 5, p. 296-332.

BAPTISTA, Anna Paola P. *Modernismo e Pintura Mural Religiosa no Brasil nas Décadas de 1940-50*. Disponível em: <http://www.ligse.com/anpap/anais99/historia4.htm>. Acesso em: 22 mar. 2001.

BAPTISTA, Anna Paola P. Modernismo e tradição na arte religiosa – a querela da Pampulha. *Locus: Revista de História*, Juiz de Fora, v.5, n.2, p.127-45, 1999.

BARATA, Mário. Linguagens da modernidade no tratamento da continuidade monumental (caso do "SPHAN/BRASIL" de 1936 a 1966). In: CONGRESSO BRASILEIRO DE HISTÓRIA DA ARTE, 4, 1991, Porto Alegre. *Anais...* Porto Alegre: UFRGS/CNPQ, 1991. p.106-110.

BENCHIMOL, J. L. *Pereira Passos; um Haussmann tropical. A renovação urbana do Rio de Janeiro no início do século XX*. Rio de Janeiro: Secretaria Municipal de Cultura, Turismo e Esportes/Divisão de Editoração Biblioteca Carioca, 1990.

BEOZZO, José Oscar. A igreja entre a Revolução de 30, o Estado Novo e a redemocratização. In: *História Geral da Civilização Brasileira*. São Paulo: Difel, 1984. t.3, v.4, p. 271-341.

BERMAN, Marshall. Petersburgo: o modernismo do subdesenvolvimento. In: *Tudo que é sólido desmancha no ar; a aventura da modernidade*. São Paulo: Companhia das Letras, 1986. p.167-269.

BIELSCHOWSKI, Ricardo. *Pensamento econômico brasileiro: o ciclo ideológico do desenvolvimentismo*. Rio de Janeiro: Contraponto, 2000. 4.ed.

BORGES, Célia. *Amor e Conflito: A Relação das pessoas com uma cidade histórica*.

Dissertação (Mestrado em Sociologia da Cultura) – Faculdade de Filosofia e Ciências Humanas da UFMG, Belo Horizonte, 1992.

BORGES, Célia. Patrimônio e memória social: a formação da política de preservação de bens históricos no Brasil e a construção do imaginário coletivo. *Locus: Revista de História*, Juiz de Fora, v.5, n.2, p.113-25, 1999.

BOURDIEU, Pierre. Espaço social e poder simbólico. In: *Coisas ditas*. São Paulo: Brasiliense, 1990. p.149-168.

BOURDIEU, Pierre. *O poder simbólico*. Rio de Janeiro: Bertrand, 1989.

BRUAND, Yves. *Arquitetura contemporânea no Brasil*. São Paulo: Perspectiva, 1981.

CAMPOFIORITO, Ítalo. Muda o mundo do patrimônio: notas para um balanço crítico. *Revista Brasil*, Governo do Estado do Rio de Janeiro/ Secretaria de Ciência e Cultura: Rio de Janeiro, s/d.

CAMPOS, Adalgisa Arantes. Pampulha: uma proposta estética e ideológica. *Análise e Conjuntura*. Belo Horizonte, v.13, n.5/6, p.69-90, maio/jun.1983.

CANCLINI, Néstor García. O patrimônio cultural e a construção imaginária do nacional. *Revista do Patrimônio Histórico e Artístico Nacional*, n.23, p.95-115, 1994.

CAPELATO, Maria Helena; DUTRA, Eliana R. de Freitas. Representação política: o reconhecimento de um conceito na historiografia brasileira. In: CARDOSO, Ciro Flamarion; MALERBA, Jurandir (orgs.). *Representações: contribuição a um debate transdisciplinar*. Campinas: Papirus, 2000. p.227-67.

CARDOSO, Ciro Flamarion; MALERBA, Jurandir (orgs.). *Representações: contribuição a um debate transdisciplinar*. Campinas: Papirus, 2000.

CARDOSO, Miriam Limoeiro. *Ideologia do desenvolvimento – Brasil: JK-JQ*. Rio de Janeiro: Paz e Terra, 1997.

CARDOZO, Joaquim. O episódio da Pampulha. In: XAVIER, Alberto (org.). *Arquitetura moderna brasileira: depoimento de uma geração*. São Paulo: Pini/ABEA/FVA, 1987. p.133-6.

CARESIA, Roberto Marcelo. Blumenau e a modernização urbana: alterando costumes (1940-1960). In: FERREIRA, Cristina; FROTSCHER, Méri. *Visões do vale: perspectivas historiográficas recentes*. Blumenau: Nova Letra, 2000.

CARNEIRO, Marília Dalva Magalhães. *Ecletismo, uma ironia romântica: estudo da arquitetura doméstica em Belo Horizonte (1897/1940)*. Dissertação (Mestrado em Análise Crítica e História da Arquitetura) – Faculdade de Arquitetura e Urbanismo da UFMG, Belo Horizonte, 1998.

CARVALHO, José Murilo de. *Pontos e bordados: escritos de história e política*. Belo Horizonte: Ed. UFMG, 1998.

CARVALHO, José Murilo de. *Os bestializados*. São Paulo: Companhia das Letras, 1988.

CASSIRER, Ernst. *Linguagem e mito. Uma contribuição ao problema dos nomes dos deuses*. São Paulo: Perspectiva, 1972.

CASTORIADIS, Cornelius. *A instituição imaginária da sociedade*. Rio de Janeiro: Paz e Terra, 1982.

CASTORIADIS, Cornelius. Reflexões sobre o desenvolvimento e a racionalidade. In: *Revolução e autonomia. Um perfil político de C. Castoriadis*. Belo Horizonte: COPEC, 1981. p. 117-147.

CASTORIADIS, Cornelius. Técnica. In: *As encruzilhadas do labirinto*. Rio de Janeiro: Paz e Terra, 1987. p. 235-263.

CAVALCANTI, Lauro (org.). *Modernistas na repartição*. Rio de Janeiro: Ed. UFRJ/Paço Imperial/Tempo Brasileiro, 1993.

CAVALCANTI, Lauro. Encontro moderno: uma volta futura ao passado. In: *A INVENÇÃO do patrimônio: continuidade e ruptura na constituição de uma política oficial de preservação no Brasil*. Rio de Janeiro: IPHAN, 1995. p.41-66.

CHERUBINI, Giovanni. O camponês e o trabalho no campo. In: LE GOFF, J. (org.). *O homem medieval*. Lisboa: Editorial Presença, 1989. p.81-95.

CHOAY, Françoise. *A alegoria do patrimônio*. São Paulo: Estação Liberdade/Ed. UNESP, 2001.

COELHO, Vulmar. *Uma cidade perdida no sertão (monographia sobre Ferros)*. Belo Horizonte: Edições Guarany/Imprensa Oficial, 1939.

COSTA, Lúcio. Razões da Nova Arquitetura. *Revista da Diretoria de Engenharia da prefeitura do Distrito Federal*, n.1, v.3, jan. 1936.

DA MATA, Sérgio. JUC e MMC: polaridade político-religiosa em Belo Horizonte. *Revista de História Regional*, Ponta Grossa, v.3, n.1, 1998.

DUARTE, André. *O pensamento à sombra da ruptura: política e filosofia em Hannah Arendt*. São Paulo: Paz e Terra, 2000.

DUBY, Georges. *O tempo das catedrais: a arte e a sociedade (980-1420)*. Lisboa: Ed. Estampa, 1979.

DURAND, Gilbert. *As Estruturas antropológicas do imaginário: introdução à arquetipologia geral*. São Paulo: Martins Fontes, 1997.

ELIAS, Norbert. *O processo civilizador*. Rio de Janeiro: Zahar, 1990.

FABRIS, Annateresa (org). *Ecletismo na arquitetura brasileira*. São Paulo: Nobel/EDUSP, 1987.

FABRIS, Annateresa. Um símbolo moderno. In: *Fragmentos urbanos: representações culturais*. São Paulo: Studio Nobel, 2000. p.153-82.

FABRIS, Annateresa. A batalha de Pampulha. In: *Fragmentos urbanos: representações culturais*. São Paulo: Studio Nobel, 2000. p.183-212.

FALCON, Francisco J. Calazans. História e representação. In: CARDOSO, Ciro Flamarion, MALERBA, Jurandir (orgs.). *Representações: contribuição a um debate transdisciplinar*. Campinas: Papirus, 2000. p. 41-79.

FAORO, Raymundo. A modernização nacional. In: *Existe um pensamento político brasileiro?* São Paulo: Ática, 1994. p.97-115.

FONSECA, Maria Cecília Londres. *O patrimônio em processo: trajetória da política federal de preservação no Brasil.* Rio de Janeiro: UFRJ/SPHAN, 1997.

FOUCAULT, M. Espaço e Poder (Entrevista de Michel Foucault a Paul Rabinow). *Revista do Patrimônio Histórico e Artístico Nacional,* Rio de Janeiro, n.23, p.139-45, 1994.

FRANCO, Maria Sylvia de Carvalho. O tempo das ilusões. In: CHAUÍ, Marilena. *Ideologia e mobilização popular.* Rio de Janeiro: Paz e Terra, 1978.

FURET, François. A Revolução Francesa Terminou. In: *Pensando a Revolução Francesa.* Rio de Janeiro: Paz e Terra, 1989.

GIL, Benedito Miguel. *O exército católico de reserva: para uma análise da ação católica.* Disponível em: <http://www.assis.unesp.br/bmgil/trabal10.htm>. Acesso em: 24 mar. 2001.

GIRARDET, Raoul. *Mitos e mitologias políticas.* São Paulo: Companhia das Letras, 1987.

GOLDENSTEIN, Lídia. *Repensando a dependência.* São Paulo: Paz e Terra, 1994. p. 17-28.

GONÇALVES, Adelto. *Gonzaga, um poeta do Iluminismo.* Rio de Janeiro: Nova Fronteira, 2000.

GORELIK, Adrián. O moderno em debate: cidade, modernidade, modernização. In: MIRANDA, Wander Melo (Org.). *Narrativas da modernidade.* Belo Horizonte: Autêntica, 1999. p.55-80.

HOBSBAWN, Eric. *Era dos extremos;* O breve século XX (1914-1991). São Paulo: Companhia das Letras, 1995. 598p. Cap.12: O Terceiro Mundo, p.337-362.

HOLSTON, James. *A cidade modernista: uma crítica de Brasília e sua utopia.* São Paulo: Companhia das Letras, 1993.

JULLIARD, Jacques. A política. In: LE GOFF, J., NORA, P. *História: novos objetos.* Rio de Janeiro: Fco. Alves, 1979.

LACLAU, E. *Política e ideologia na teoria marxista; capitalismo, fascismo e populismo.* Rio de Janeiro: Paz e Terra, 1978. Cap.4: Para uma teoria do populismo, p.149-204.

LE GOFF, Jacques. Antigo/Moderno. In: ENCICLOPÉDIA Einaudi. Porto: Imprensa Nacional/Casa da Moeda, 1984. v.1, p.370-392.

LEFORT, Claude. Permanência do teológico-político? In: *Pensando o Político: ensaios sobre democracia, revolução e liberdade.* Rio de Janeiro: Paz e Terra, 1991. p.249-95.

LEMOS, Carlos A. C. Arquitetura contemporânea. In: ZANINI, Walter (org). *História geral da arte no Brasil.* São Paulo: Inst. Moreira Salles, 1983. v.2.

LEMOS, Carlos A. C. Ecletismo em São Paulo. In: FABRIS, Annateresa (org). *Ecletismo na arquitetura brasileira.* São Paulo: Nobel/EDUSP, 1987. p.68-103.

MAINWARING, Scott. *A Igreja católica e a política no Brasil (1916-1985).* São Paulo: Brasiliense, 1986.

MALERBA, Jurandir. Para uma teoria simbólica: conexões entre Elias e Bourdieu. In: CARDOSO, Ciro Flamarion; MALERBA, Jurandir (orgs.). *Representações: contribuição a um debate transdisciplinar*. Campinas: Papirus, 2000. p. 199-225.

MARQUES, Rita de Cássia. *Da Romanização à terceira via: a Igreja no Brasil de 1889 a 1945*. Dissertação (Mestrado em História) – Faculdade de Filosofia e Ciências Humanas da UFMG, Belo Horizonte, 1995.

MARTINS, Carlos Ferreira. A constituição da trama narrativa na historiografia da arquitetura moderna brasileira. *Revista Pós (Anais do Seminário Nacional "O Estudo da História na Formação do Arquiteto")*, São Paulo, n. especial, p. 91-5, 1994.

MELLO, João Manuel Cardoso de; NOVAIS, F. A. Capitalismo tardio e sociabilidade moderna. In: SCHWARCZ, L. M. *História da vida privada no Brasil: contrastes da intimidade contemporânea*. São Paulo: Cia. das Letras, 1998. p. 560-658.

MIRANDA, Selma Melo. Arquitetura Moderna em Cataguases. *Oculum*, n.7/8, abr. 1996.

MIRANDA, Selma Melo. Arquitetura. In: *Cataguases: um olhar sobre a modernidade*. Disponível em:<http://www.asminasgerais.com.br/Zona20da20Mata/UniVlerCidades/modernismo/Arquitetura/index.htm>. Acesso em: 10 mai. 2001.

MONTEIRO, Maria Isabel Oswald. *Carlos Oswald (1882-1971): pintor da luz e dos reflexos*. Rio de Janeiro: Casa Jorge, 2000.

MONTES, Maria Lúcia. As figuras do sagrado: entre o público e o privado. In: SCHWARCZ, L. M. *História da vida privada no Brasil: contrastes da intimidade contemporânea*. São Paulo: Cia. das Letras, 1998. p. 63-171.

NIPPERDEY, Thomas. La cathédrale de Cologne, monument à la nation. In: *Réflexions sur l'histoire allemande*. Paris: Gallimard, 1992.

PASSOS, Izabel Christina Friche. *A filosofia da imaginação radical de Cornelius Castoriadis*. Dissertação (Mestrado em Filosofia) – Faculdade de Filosofia e Ciências Humanas da UFMG, Belo Horizonte, 1992.

PASSOS, Luiz Mauro do Carmo. *A metrópole cinqüentenária: fundamentos do saber arquitetônico e imaginário social da cidade de Belo Horizonte (1897-1947)*. Dissertação (Mestrado em História) – Faculdade de Filosofia e Ciências Humanas da UFMG, Belo Horizonte, 1996.

PESAVENTO, Sandra Jatahy. Em busca de uma outra história: imaginando o imaginário. *Revista Brasileira de História*, São Paulo, v.15, n.29, p.9-27, 1995.

PESAVENTO, Sandra Jatahy. *O imaginário da cidade: visões literárias do urbano (Paris, Rio de Janeiro, Porto Alegre)*. Porto Alegre: Ed. Universidade/UFRGS, 1999.

PESSOA, Francisco Lage. *O padre do diabo: a igreja ausente na hora de mudar*. São Paulo: EMW Editores; Rio de Janeiro: AM Produções Literárias, 1988.

PIERUCCI, Antônio Flávio; SOUZA, Beatriz Muniz de; CAMARGO, Cândido

Procópio Ferreira de. Igreja Católica: 1945-1970. In: *História Geral da Civilização Brasileira*. São Paulo: Difel, 1984. t.3, v.4, p.345-380.

PIMENTEL, Thais Velloso Cougo. *A torre Kubitschek: trajetória de um projeto em 30 anos de Brasil*. Belo Horizonte: Secretaria de Estado da Cultura, 1993.

PREBISH, R. *Dinâmica do Desenvolvimento latino-americano*. Rio de Janeiro: Fundo de Cultura, 1964. p. 11-31.

QUINTÃO, José Maria. *Aquibadam, ponte e vau (no ontem e no hoje de Ferros)*. Belo Horizonte: Imprensa Oficial, 1985.

RODRIGUES, Heliana de Barros Conde. Cura, Culpa e Imaginário Radical em Cornelius Castoriadis: Percursos de um Sociobárbaro. *Psicologia USP*, v.9, n.2, p.87-138, 1998.

RODRIGUEZ, Octavio. O pensamento da CEPAL: síntese e crítica. *Novos Estudos CEBRAP*, São Paulo, n. 16, p. dez.1986.

ROSENFELD, Anatol. Cassirer. In: CASSIRER, Ernst. *Linguagem e Mito. Uma contribuição ao problema dos nomes dos deuses*. São Paulo: Perspectiva, 1972. p.9-14.

SALGUEIRO, Heliana Angotti. Ecletismo em Minas Gerais (Belo Horizonte - 1894-1930). In: FABRIS, Annateresa (org). *Ecletismo na arquitetura brasileira*. São Paulo: Nobel/EDUSP, 1987. p.104-145.

SEMEARO, Giovanni. A Primavera dos anos 60. A geração de Betinho. São Paulo, Loyola, 1994.

SEVCENKO, N. A capital irradiante: técnica, ritmos e ritos do Rio In: *História da vida privada no Brasil: da Belle Époque à era do rádio*. São Paulo: Companhia das Letras, 1998.

SILVA, José Ariovaldo da. *O Movimento Litúrgico no Brasil: estudo histórico*. Petrópolis: Vozes, 1983.

STARLING, Heloísa Maria Murgel. *Os senhores das Gerais; os novos inconfidentes e o golpe de 1964*. Petrópolis: Vozes, 5 ed., 1986.

TOLEDO, Caio Navarro de. *ISEB: Fábrica de ideologias*. São Paulo: Ática, 1977.

TRINDADE, Raimundo, Con. *Instituições de igrejas no bispado de Mariana*. Rio de Janeiro, MEC. SPHAN, 1945.

TRONCA, Ítalo Arnaldo. A questão do imaginário na prática do historiador. In: CONGRESSO LATINO-AMERICANO DE HISTÓRIA DA CIÊNCIA E DA TÉCNICA, 2, 1989, s.l.. *Anais...* São Paulo: Nova Stella, 1989. p. 275-277.

VELLOSO, Mônica Pimenta. A ordem: uma revista de doutrina política e cultura católica. *Revista de Ciência Política*, v. 21, n.3, jul/set. 1978.

WERNECK, Humberto. *O desatino da rapaziada: jornalistas e escritores em Minas Gerais*. São Paulo: Companhia das Letras, 1992. p.28-9.

XAVIER, Alberto (org.). *Arquitetura moderna brasileira: depoimento de uma geração*. São Paulo: Pini/ABEA/FVA, 1987.

d) Listagem de fontes relacionadas ao caso de Ferros
ARTIGOS DE JORNAIS E REVISTAS

BURNIER, Frei Martinho Penido. O significativo plebiscito de Ferros. *O Diário*, Belo Horizonte, 2 mar. 1961, p.6 e 12.

COM VOTOS de cor, devotos dirão se Ferros deve ou não ter uma igreja moderna. *Jornal do Brasil*, Rio de Janeiro, fev. 1961.

CRÔNICA da Arquidiocese. Ferros. *O Arquidiocesano*, Mariana, n.66, 18 dez. 1960, p.3.

EM PLEBISCITO, povo de Ferros decidirá domingo se projeto para Matriz de Sant'Ana serve ou não. *O Diário*, Belo Horizonte, 1 mar. 1961, p.6.

LEÓN, Ponce de. Sim ou não: referendum popular para a igreja moderna. *Binômio*, Belo Horizonte, 6 fev. 1961, p.8.

MOÇAS fazem greve do olhar. *Binômio*, Belo Horizonte, 16 jan. 1961, p.1.

OLIVEIRA, Dom Oscar de. Normas Gerais para a Construção de Igrejas. *O Arquidiocesano*, Mariana, Ano I, n.12, 8 nov. 1959, p.2; n.13, 22 nov. 1959, p.3; n.14, 29 nov. 1959, p.2-3; n.15, 13 dez. 1959, p.2; n.16, 20 dez. 1959, p.2; n.17, 27 dez. 1959, p.3-4; n.18, 3 jan. 1960, p.2.

POVO de Ferros vai dar "sim" à igreja moderna. *Binômio*, Belo Horizonte, 13 fev. 1961, p.4.

SCHUBERT, Cônego Guilherme. Construções recentes de Igrejas no Brasil. *O Arquidiocesano*, Mariana, Ano 1, n.25, 6 mar. 1960, p.2.

FERROS: "referendum" para igreja moderna. *Última Hora*, Belo Horizonte, 3 mar. 1961, p.1 e 9.

DE QUATRO questões sociais depende o êxito na construção de uma igreja. *O Diário*, Belo Horizonte, 3 mar. 1961, p.6.

ÔNIBUS especial para o plebiscito de Ferros. *O Diário*, Belo Horizonte, 3 mar. 1961, p.6.

SANTAYANA, Mauro. Plebiscito inédito. *Estado de Minas*, Belo Horizonte, 7 mar. 1961, p.1 e 8.

VEIGA, Symphronio. Verde, sinal aberto. *Diário de Minas*, Belo Horizonte, 7 mar. 1961, p.1, 7 e 14.

DIAS, Marco Antônio R. Povo de Ferros disse sim à igreja moderna. *O Diário*, Belo Horizonte, 7 mar. 1961, p.1 e 5.

FIDELIDADE aos requisitos funcionais, a exigência básica para os projetos de igrejas. *O Diário*, Belo Horizonte, 7 mar. 1961, p.6.

IGREJA moderna vence em Ferros. 7 mar. 1961, p.7. *Última Hora*, Belo Horizonte, 7 mar. 1961, p.7.

MINAS dá exemplo: analfabeto já vota. *Última Hora*, 8 mar. 1961, p.5.

MATRIZ de Ferros será em linhas modernas, segundo o voto de 3590 cidadãos. *Jornal do Brasil*, Rio de Janeiro, 8 mar. 1961, p.8.

CURIOSO plebiscito. *Diário Carioca*, Rio de Janeiro, 11 mar. 1961, p.?.

LIMA JÚNIOR, Augusto de. Protesto contra a demolição da igreja de Ferros. *Estado de Minas*, 12 mar. 1961, p.8.

AUGUSTO de Lima: "igreja moderna de Ferros é manobra comunista". *Última Hora*, 14 mar. 1961, p. 1 e 3.

PADRE Lage: plebiscito disse tudo. *Última Hora*, 15 mar. 1961, p.1.

A IGREJA será construída como foi projetada. *O Globo*, Rio de Janeiro, 16 mar. 1961.

LIMA JÚNIOR, Augusto de. Em qualquer página. *Diário de Minas*, Belo Horizonte, 16 mar. 1961, p.4.

LIMA JÚNIOR, Augusto de. Em qualquer página. *Diário de Minas*, Belo Horizonte, 17 mar. 1961, p.4.

MANIFESTAÇÕES contrárias à demolição da igreja de Ferros. *Estado de Minas*, Belo Horizonte, 18 mar. 1961, p.1.

ESTUDANTE: historiador Lima Júnior perdeu-se na História. *Última Hora*, Belo Horizonte, 22 mar. 1961, p.7.

CASTRO, Celso Falabella de. Matriz de Santana de Ferros. *Estado de Minas*, Belo Horizonte, 26 mar. 1961. 2 cad. p.3.

UMA CIDADE à procura de um estilo. *Revista O Cruzeiro*, Rio de Janeiro, 27 maio 1961, p.22-3.

CRÔNICA da Arquidiocese. Ferros. *O Arquidiocesano*, Mariana, 30 jul. 1961, p.3.

LAGE, Otacílio Ferreira. História de Ferros tem página nova com igreja cara. *Diário de Minas*, 13 e 14 ago. 1967. 2 cad. p.2.

SILVEIRA, Esdras. Artes plásticas, etc. *Jornal da Cidade*, 28 mar. 1967.

OUTRAS FONTES

ATA da Sessão de 15 de Abril de 1961. *Revista do Instituto Histórico e Geográfico de Minas Gerais,* Belo Horizonte, v.8, 1961, p.506-7.

GONÇALVES, José Virgílio. *Manuscrito.* Ferros, s/d.

JORNAL "FERROS". Ferros, n.1, 5 mar. 1961-n.11/12, jan./fev. 1962.

LIVRO de Tombo da Igreja Matriz de Santana. Ferros, 1959-76.

LIVRO de Tombo da Paróquia de N. S. das Dores da Floresta. Belo Horizonte, 1956-62.

PESSOA, Francisco Lage. Telegrama ao Pe. José Casimiro. 14 mar. 1961.

QUINTÃO, José Maria. *Aquibadam, ponte e vau (no ontem e no hoje de Ferros)*. Belo Horizonte: Imprensa Oficial, 1985.

RELATÓRIO que à Assembléia Legislativa Provincial de Minas Gerais apresentou na Sessão Ordinária de 1854 o Presidente da Província Francisco Diogo Pereira de Vasconcelos. (IEPHA – Pasta "Ferros").

RELATÓRIO que apresentou ao vice presidente da Província de Minas Gerais o Dr. Francisco Leite da Costa Belém, por ocasião de lhe passar a administração em 20 de Abril de 1872 o Dr. Joaquim Pires Machado Portela presidente da Província. p. 86 a 94. (IEPHA – Pasta "Ferros").

RELATÓRIO do Dr. Joaquim Floriano de Godoy para o Dr. Francisco Leite da Costa Belém, 2º vice-presidente da Província em 1872. Apensos nº 14, p. 2 a 6. (IEPHA – Pasta "Ferros").

RELATÓRIO que à Assembléia Legislativa Provincial de Minas Gerais apresentou no Ato da Abertura da Sessão Ordinária de 1874, o vice-presidente Francisco Leite da Costa Belém. Pág. 57, 58 e 59. (IEPHA – Pasta "Ferros").

RIBEIRO, Wilson Modesto. Carta ao Pe. José Casimiro. 9 mar. 1961.

SENNA, Nelson de. *Anuário de Minas Geraes.* Bello Horizonte, Imprensa Oficial, 1909. p. 450. (IEPHA – Pasta "Ferros").

SILVA, Pe. José Casimiro. Telegrama ao Deputado Estadual Wilson Modesto. 16 mar. 1961.

ANEXO A

Outros projetos de templos modernistas no Brasil (1949-1966)

Figura 25 - CATEDRAL; projeto de Hélcio Salles Tito. *Arquitetura, Engenharia, Belas Artes*, Belo Horizonte, v. 3, n. 11, p. 59-61, 1949.

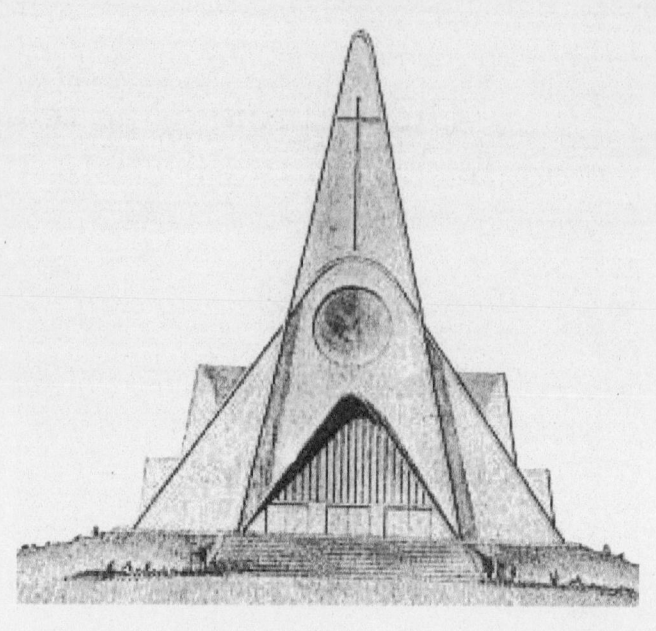

Figura 26 - SANTUÁRIO de São Judas Tadeu, Rio de Janeiro; projeto de Ângelo A. Murgel e Ulisses p. Bularmaqui, arqs. *Arquitetura e Engenharia*, Belo Horizonte, n. 33, p. 7-10, out./dez. 1954.

Figura 27 - IGREJA na Rodovia Presidente Dutra; projeto de Abelardo de Souza, arq. *Habitat*, São Paulo, n. 17, p. 18-9, jul./ago. 1954.

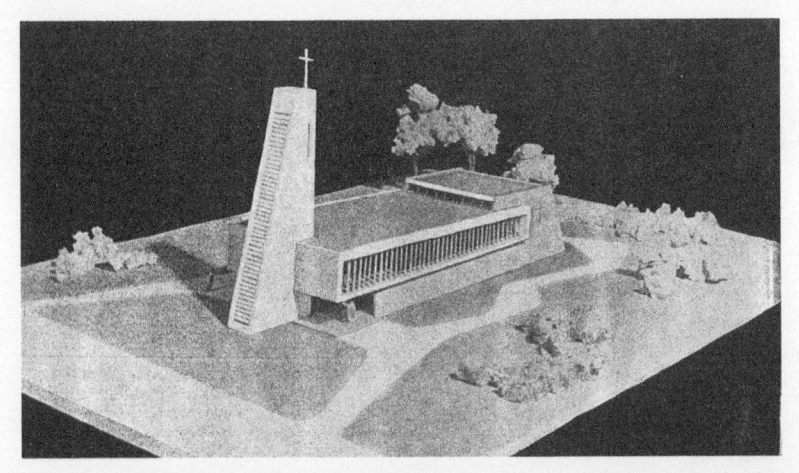

Figura 28 - CAPELA em Itajaí – Santa Catarina; projeto de Marcos Konder Netto, arq. *Arquitetura e Engenharia*, Belo Horizonte, n.33, p. 11-3, out./dez. 1954.

Figura 29 - SANTUÁRIO de São Judas Tadeu, Rio de Janeiro; projeto de Ângelo A. Murgel e Ulisses p. Bularmaqui, arqs. *Arquitetura e Engenharia*, Belo Horizonte, n. 33, p. 7-10, out./dez. 1954.

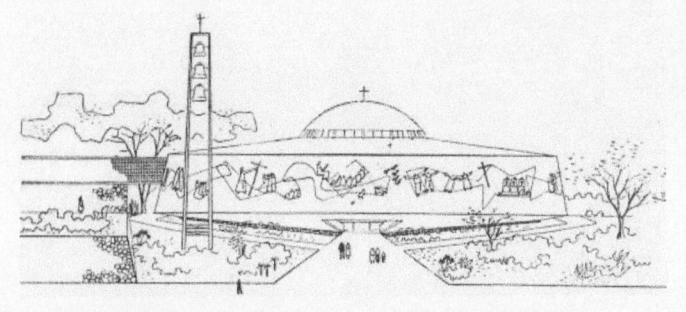

Figura 30 - IGREJA de São Domingos; projeto de Sérgio W. Bernardes, arq. *Arquitetura e Engenharia*, Belo Horizonte, n. 33, p. 17-20, out./dez. 1954.

Figura 31 - IGREJA Nossa Senhora Aparecida, Campinas; anteprojeto de Ícaro de Castro Mello, arq. *Habitat*, São Paulo, n. 19, p. 10-2, nov./dez. 1954.

Figura 32 - CAPELA filial; projeto de Arthur Lício M. Pontual. *Arquitetura e Engenharia*, Belo Horizonte, n. 37, p. 6, nov./dez. 1955.

Figura 33 - IGREJA Nossa Senhora do Rosário, Passos, M.G.; projeto de Daude Jabbur, arq. *Arquitetura e Engenharia*, Belo Horizonte, n. 39, p. 10-1, 1956.

Figura 34 - SANTUÁRIO de São Judas Tadeu, Rio, 1956; projeto de Sérgio Wladimir Bernardes, arq. *Habitat*, São Paulo, n. 35, p. 44-7, out. 1956.

Figura 35 - CAPELA e escolinha para Vila Operária, Recife; projeto de Edison R. Lima, arq. *Acrópole*, São Paulo, n.236, p. 402-3, jun. 1958.

Anexo A – Outros projetos de templos modernistas no Brasil (1949-66)

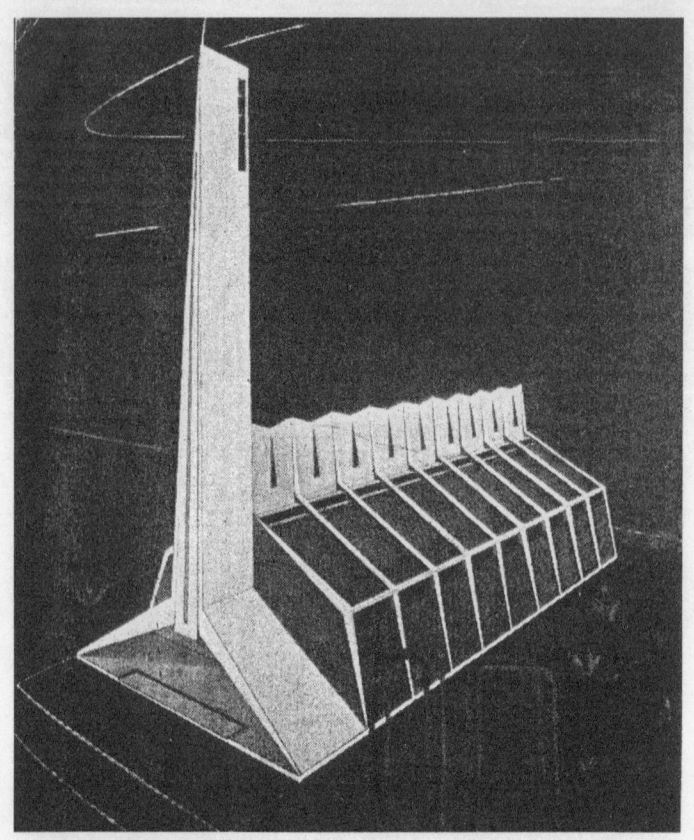

Figura 36 – ESTUDO para um santuário, Curitiba; projeto de Teodoro Rosso, eng. arq. *Acrópole*, São Paulo, n. 237, p. 453, jul. 1958.

Figura 37 – CATEDRAL de Brasília; projeto de Oscar Niemeyer. *Habitat*, São Paulo, n. 51, p. 2-3, nov./dez. 1958.

Figura 38 - CAPELA de Nossa Senhora de Fátima, Brasília; projeto de Oscar Niemeyer, arq. *Acrópole*, São Paulo, n. 256/7, p. 102-3, fev./mar. 1960.

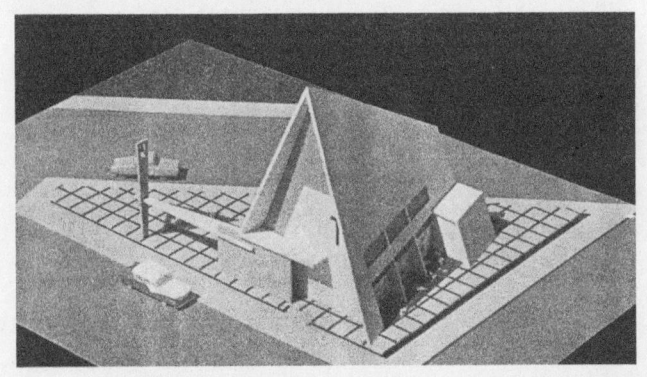

Figura 39 - CAPELA em Montes Claros; projeto de Geraldo Mércio Guimarães, arq. *Arquitetura e Engenharia*, Belo Horizonte, n. 57, p. 20, maio/jun. 1960.

Figura 40 - CAPELA em Presidente Venceslau; projeto de Abelardo de Souza, arq. *Habitat*, São Paulo, n. 65, p. 4, 1961.

Figura 41 - ANTEPROJETO para capela; anteprojeto de Simão Goldman, arq. *Acrópole*, São Paulo, n. 306, p. 49, maio 1964.

Figura 42 - IGREJA em Baurú; projeto de Fernando Ferreira de Pinho, arq. *Acrópole*, São Paulo, n. 307, p. 40-1, jun. 1964.

Figura 43 - CAPELA e velório, Jundiaí-SP; projeto de Carlos Funes, arq. *Acrópole*, São Paulo, n. 308, p. 46-7, jul. 1964.

Figura 44 - IGREJA em São Caetano, SP; projeto de Carlos B. Millan, arq. *Acrópole*, São Paulo, n. 317, p. 33-5, maio 1965.

Figura 45 - PROJETO para capela, Butantã, SP; projeto de João Roberto Leme Simões, arq. *Acrópole*, São Paulo, n. 334, p. 29-31, nov. 1966.

ANEXO B

Memória fotográfica da Matriz de Sant'Ana – Ferros/MG[261]

1- Aspecto externo

---
[261] As fotos sem crédito foram recolhidas de acervos particulares e são de autoria desconhecida.

Foto: Raimundo Alves Pinto (Coleção Nelson Coelho de Sena/Acervo do Arquivo Público Mineiro)

Foto: Raimundo Alves Pinto (Coleção Nelson Coelho de Sena/Acervo do Arquivo Público Mineiro)

208   Templos modernos, templos ao chão

2- Aspecto interno

Anexo B – Memória fotográfica da Matriz de Sant'Ana – Ferros/MG

3- O plebiscito

UMA CIDADE à procura de um estilo. *Revista O Cruzeiro*, Rio de Janeiro, p. 22, 27 maio 1961.

210 Templos modernos, templos ao chão

UMA CIDADE à procura de um estilo. *Revista O Cruzeiro*, Rio de Janeiro, p. 22, 27 maio 1961.

DIAS, Marco Antônio R. Povo de Ferros disse sim à igreja moderna. *O Diário*, Belo Horizonte, p. 1, 7 mar. 1961.

DIAS, Marco Antônio R. Povo de Ferros disse sim à igreja moderna.
O Diário, Belo Horizonte, p. 5, 7 mar. 1961.

4- Processo de Demolição

5- Mutirões para a construção da nova Matriz

Anexo B – Memória fotográfica da Matriz de Sant'Ana – Ferros/MG   215

216 Templos modernos, templos ao chão

6- Nova Matriz de Sant'Ana

UMA CIDADE à procura de um estilo. *Revista O Cruzeiro*, Rio de Janeiro, p. 23, 27 maio 1961.

218 Templos modernos, templos ao chão

Acervo do autor

Acervo do autor

Acervo do autor

220 Templos modernos, templos ao chão

Acervo do autor

Acervo do autor

Anexo B – Memória fotográfica da Matriz de Sant'Ana – Ferros/MG   221

Acervo do autor

Acervo do autor

Anexo B – Memória fotográfica da Matriz de Sant'Ana – Ferros/MG

Qualquer livro do nosso catálogo não encontrado nas livrarias pode ser pedido por carta, telefone ou pela internet.

Rua Aimorés, 981, 8º andar – Funcionários
Belo Horizonte-MG – CEP 30140-071

Tel: (31) 3222 6819
Fax: (31) 3224 6087
Televendas (gratuito): 0800 2831322

vendas@autenticaeditora.com.br
www.autenticaeditora.com.br

Este livro foi composto com tipografia Bembo e impresso em papel Chamois Fine Dunas 80 g na Formato Artes Gráficas.